Markus Schächter (Hg)

Mittendrin
Die Erde hat kein dickes Fell

von Helmut Geiser, Renate Marel, Burckhard Mönter
und Brunhilde Marquardt-Mau

Wolfgang Mann - Verlag

Abbildungsverzeichnis

Bundesverband der deutschen Gas- und Wasserwirtschaft 47, Bundesministerium für Ernährung, Landwirtschaft und Forsten 79, Claas OHG, Harsewinkel 82, Hildegard Droeger 42, Helmut Geiser 34, 35, 36, 37, 38, 39, 40, 50, 51, Hessisches Ministerium für Landwirtschaft, Forsten und Naturschutz 28 o., 28 u.l., 29 o., 31 o., 63 l., 84, 90 u., IMA, Hannover 73, 86, Image Bank 25, Infoplan / CMA 5, 6, 22, 23, 85, 94, Kupferstichkabinett, Berlin / Bildarchiv Preußischer Kulturbesitz 77, Landwirtschaftliche Versuchsstation BASF 45, 52, 73, 78, 80 r., Wolfgang Lissak 67, Foto-Margielsky 7, Helmut Meyer 13, 28 u.r., 29 u.l., 29 u.r., 49, 80 l., 93 r., Franz Müller 70, Naturhistorisches Museum, Wien 89, Niemeyer-Lüllwitz 61, 71, 92, Wolfgang Paterno 16, 17, 53, 72, 93 l. (96), Peter Pretscher 60, 68, Rheinisches Landesmuseum, Bonn 75, Imogen Schmidt 63 r., Schutzgemeinschaft Deutscher Wald 9, 10f, 30, Robert Seeberger 64, Monika Strzeletz 20, 32, 41, 44, Umweltbundesamt, Berlin 31 u., Vereinigung Deutscher Sägewerksverbände, Wiesbaden 27.
Die Grafik auf S. 15 entstand unter Verwendung einer Vorlage aus der Broschüre „Gärtnern mit der Natur" des Ministeriums für Umwelt, Raumordnung und Landwirtschaft des Landes Nordrhein-Westfalen.

CIP-Titelaufnahme der Deutschen Bibliothek

Geiser, Helmut:
Mittendrin - die Erde hat kein dickes Fell / Helmut Geiser;
Renate Marel; Brunhilde Marquardt-Mau. Hrsg. von Markus
Schächter. - 1. Aufl. - Berlin: W. Mann, 1988
  ISBN 3-926740-08-6
NE: Marel, Renate:; Marquardt-Mau, Brunhilde:

© 1988 Wolfgang Mann-Verlag GmbH, Berlin
1. Auflage 1988. Alle Rechte vorbehalten.
Lektorat: Susanne Völpel, Monika Strzeletz
Herausgeber: Markus Schächter
Redaktion ZDF: Alice Ammermann
Titelgestaltung: Ralf Butschkow
Grafiken: Yane Fehrenberg
Druck und Verarbeitung: Neue Stalling, Oldenburg
ISBN 3-926740-08-6

VORWORT

Am späten Abend klingelt es. Vor der Tür stehen Tom, Simone und Achim. In der Hand haben sie ein Bündel gehefteter Blätter, eng beschriebenes Schreibmaschinenpapier. Bisweilen einander ins Wort fallend, erzählen sie, weshalb sie gekommen sind: Nachdem auch in unserem Wohngebiet viele tote Vögel und Kleintiere gesichtet wurden, was eindeutig auf Gift und Chemie zurückzuführen sei, hätten sie in unserer Straße einen Naturschutz-Club gegründet. Und der Club gibt jetzt eine Zeitung mit dem Titel FLEDERMAUS heraus. Die erste Ausgabe kann an diesem Abend für 1,50 DM gekauft werden. Die Gesamtauflage: 30 Stück. Und eigentlich, sagen sie, ist es doch die Pflicht jedes Nachbarn, ein Exemplar zu erwerben.

Tom, Simone und Achim haben an diesem Abend alle Zeitungen verkauft. Inzwischen sind fast alle Jugendlichen der Straße Redaktionsmitglieder der FLEDERMAUS. Sie bringen jeden Monat ihre bis zu 20 Seiten starke Zeitung vor die Haustür, demnächst zum fünfzehnten Mal. Manchmal werde ich –quasi als „Berufskollege"– zu den Redaktionskonferenzen eingeladen. Und jedes Mal muß ich staunen, wie die 9-13jährigen bei der Sache sind.

Das Beispiel von Achim, Simone und Tom ist nicht weit hergeholt. Immer mehr Aktivitäten und Initiativen zugunsten einer notleidenden Umwelt entstehen. Offensichtlich haben gerade Jugendliche an den wachsenden Umweltschäden erfahren: Wir gehören selbst zu dem Kreislauf, in den Luft, Wasser, Boden, Pflanzen und Tiere eingebunden sind. Wir alle stecken Hals über Kopf m i t t e n d r i n. Und wir müssen lernen, mit Ehrfurcht vor allem, was lebt, zu verstehen, wie die natürliche Balance gehalten und damit die Zukunft gesichert werden kann.

„Wir wollen alles, was in den Kopf reingeht, auch lernen und erfahren", sagt Achim, der 13jährige Club-Chef der FLEDERMAUS. Und etwas ernst für sein Alter fügt er hinzu: „Weil Nichtwissen tödlich sein kann – mindestens aber unentschuldbar."

Ich wünsche mir, daß dieses Buch Achim und allen anderen nützlich ist.

Markus Schächter, ZDF

Inhalt

Wald

Helmut Geiser

Ein Baum wird gefällt

„Baum kommt", ruft es laut. Der Motor einer Kettensäge heult kurz auf. Ein Waldarbeiter springt zur Seite. Die Fichte neigt sich. Es scheint, als weigere sie sich zu fallen. Das Knirschen wird lauter; der Baum fällt und schlägt auf den Boden auf. Die Äste wippen noch nach, da kommen schon die Waldarbeiter mit ihren Kettensägen herbei: Die Sägezähne trennen Ast für Ast vom Stamm, der Wipfel wird ganz abgeschnitten. Aus dem Baum wird ein Stück Langholz und ein Haufen Reisig. Der Nächste bitte! Vom Ansetzen der Säge an den Fichtenstamm über das Warnsignal „Baum kommt" bis zum Langholz und dem Reisighaufen hat es keine 3 Minuten gedauert.
Aber es dauert 80 bis 100 Jahre, bis aus einem Fichtensämling ein schlagreifer Baum wird . . .

Baumarten	natürliches Alter	durchschnittliches Alter in der Forstwirtschaft
Laubbäume:		
Eiche	700 Jahre	140-150 Jahre
Bergahorn	400 Jahre	100-120 Jahre
Ulme	400 Jahre	100-120 Jahre
Esche	300 Jahre	100-140 Jahre
Schwarzpappel	300 Jahre	30- 50 Jahre
Rotbuche	250 Jahre	120-140 Jahre
Spitzahorn	150 Jahre	100-120 Jahre
Weißbuche	150 Jahre	60-100 Jahre
Schwarzerle	120 Jahre	50- 60 Jahre
Birke	100 Jahre	60- 80 Jahre
Nadelbäume:		
Fichte	600 Jahre	80-100 Jahre
Kiefer	600 Jahre	100-120 Jahre
Lärche	600 Jahre	100-120 Jahre
Tanne	600 Jahre	90-130 Jahre
Douglasie	400 Jahre	60-100 Jahre

Unser Baum wurde aus einem Wald geschlagen. Wenn auch die Bäume das Waldbild prägen, so darf die Bedeutung der Lebewesen im Boden, die Bodenpflanzen, die Sträucher, die Insekten, Vögel und die Säugetiere nicht vergessen werden. Die unendliche Vielfalt von pflanzlichen und tierischen Lebewesen machen erst die Lebensgemeinschaft „Wald" aus. Alle sind in irgendeiner Weise voneinander abhängig. Auch den unscheinbarsten Tieren und Pflanzen, ja sogar den sogenannten „Schädlingen" kommt in der Lebensgemeinschaft Wald eine bestimmte Aufgabe zu.

Auch wir Menschen sind vom Wald abhängig:
- Nicht zu Unrecht bezeichnet man Wälder als „grüne Lungen". Wälder produzieren lebenswichtigen Sauerstoff.
- Sie filtern Staub und giftige Gase aus der Luft.
- Wälder regulieren den Wasserhaushalt. Sie verhindern oft Überschwemmungen oder Dürre. Das Wasser wird gereinigt.
- Ohne Wald wird der Boden vom Regen weggeschwemmt oder vom Wind fortgeblasen. Der Wald schützt den Boden vor Erosion.
- Der Gebirgswald verteidigt Straßen, Bahnlinien und Siedlungen gegen Erdrutsche und Lawinen.
- Ein großer Wald wirkt klimaausgleichend. Sein Kronendach mildert Temperaturextreme.
- Der Wald ist Erholungsraum für uns.

Doch sehen wir uns zunächst einmal den einzelnen Baum an:
Wenn jemand als Jugendlicher ein Bäumchen pflanzt, es gießt, pflegt und Jahr für Jahr größer und dicker werden sieht, wird er selbst als steinalter Mensch nur einen ziemlich jungen Baum sein eigen nennen können. Der Baum hat nach fünfzig oder sechzig Jahren sein Leben noch vor sich, während das seines Gärtners zur Neige geht. Ein Baum scheint nach Menschenzeitmaß – wenn man ihn wachsen läßt – auf Ewigkeit angelegt zu sein.
Es leben heute noch einzelne Bäume, unter deren Krone Karl der Große Schatten gesucht haben könnte, und viele Bäume sind noch Zeuge des Dreißigjährigen Krieges gewesen.

Alte Bäume scheinen mit einer Aura umgeben zu sein, die Respekt gebietet. Sei es, daß sie wie bei den alten Germanen als Heiligtum eines Gottes verehrt wurden (wie die „Donareiche") oder daß man heute keinen Aufwand scheut, eine morsch gewordene „tausendjährige" Dorflinde zu erhalten. Manche Baumgestalten bedeuten für die Menschen einer Region sehr viel für das Heimatgefühl, und man schützt schon deshalb den Baum als Naturdenkmal. Die Linde auf unserem Foto steht in Geisenheim. Sie ist so alt, daß manche ihrer Äste mit einem Gerüst gestützt werden. 1585 ist sie im Rathausarchiv das erste Mal erwähnt worden – weil sie damals schon Jahrhunderte alt war.

Wie interessant wäre es, wenn ein mehrere hundert Jahre alter Baum sprechen könnte!
Einiges kann er uns tatsächlich erzählen, wenn wir uns sein Wachstum genauer betrachten.

Woher nimmt der Baum sein Baumaterial?

Im 17. Jahrhundert lebte in Brüssel ein Arzt, Dr. van Helmont. In seiner Zeit war er ein berühmter Gelehrter, denn er hatte mit einigen spektakulären Naturversuchen alle Aufmerksamkeit der Fachwelt auf sich gezogen. Er beschäftigte sich mit der Frage, woher der Baum sein Baumaterial nimmt. Bis dahin glaubte man, daß der Baum beim Wachsen Erde verbraucht. Doch Dr. van Helmont bezweifelte das. Er überlegte sich ein Experiment, mit dem er die Menge der angeblich verbrauchten Erde messen konnte.
In einen großen Pflanzkübel pflanzte er einen kleinen Weidenbaum. Er bestimmte das Gewicht der Weide und wog die Pflanzenerde sorgfältig. Den ganzen Pflanzkübel stellte er auf eine große Balkenwaage und balancierte ihn mit Gewichtsstücken aus. Dabei ging der Arzt von folgender Überlegung aus:
Je schwerer die Weide wird, desto leichter müßte die Pflanzenerde werden, wenn die Weide tatsächlich Erde verbrauchen sollte. Da aber beide zusammen im Pflanzkübel sind, wird sich durch das Wachstum das Gesamtgewicht des Kübels nicht mehr verändern.
Wenn nach einiger Zeit die Weide genügend gewachsen war, wollte er wieder die Pflanze und die Pflanzenerde gesondert wiegen. Falls Erde verbraucht wurde, müßte das Gewicht der Weide zugenommen und das Gewicht der Pflanzenerde abgenommen haben.
Nach fünf Jahren hob van Helmont die Weide aus dem Pflanzkübel, säuberte die Wurzeln sorgfältig

und wog die Pflanze. Als „fünf Pfund" schwere Weide hatte er sie eingepflanzt, jetzt wog van Helmont „164 Pfund Holz, Rinde und Wurzeln", also fast das 33fache. Das Gewicht der Blätter, die jeweils im Herbst abfielen, hat er dabei nicht einmal berücksichtigt. Die „zweyhundert Pfund" Pflanzerde hatten dagegen nur um „2 Untzen" (56 g) abgenommen.

Jetzt wußte van Helmont, daß der Baum keine Erde verbraucht hatte. Er meinte, seine Weide sei „allein und bloss aus dem Wasser hervorgewachsen". Sein ebenfalls geäußerter Gedanke, daß die Pflanze von der Luft leben könnte, schien van Helmont selbst so abwegig, daß er ihn nicht weiter verfolgte.

Er gab sich mit der naheliegenden Gießwassererklärung zufrieden, die sich Jahre später ebenfalls als unzureichend erwies.

Noch zwei Jahrhunderte vergingen, und viele Versuche wurden gemacht, bis man sicher wußte: Pflanzen nehmen für ihre Ernährung Stoffe aus der Luft.

Van Helmont hätte sich 1635 bestimmt nicht träumen lassen, daß sein „abwegiger" Gedanke richtig war. Wir wollen den „abwegigen" Gedanken im nächsten Abschnitt untersuchen.

Wie kann der Baum Luft in Baumaterial verwandeln?

Jeder Baum gliedert sich in Wurzeln, Stamm und Krone. Mit den Wurzeln verankert sich der Baum im Boden und entnimmt dort Wasser und Mineralstoffe. Der Stamm leitet Wasser und Mineralien zur Krone.

Die Blätter kann man als Sonnenkraftwerk auffassen, die die Sonnenenergie in Form von Licht in eine andere Energieform umwandeln. Die Krone ordnet die Blätter so an, daß sie möglichst viel Sonnenenergie einfangen können. Dabei bilden die Blätter Nährstoffe, die wieder durch Leitungsbahnen in den Stamm und die Wurzeln befördert werden.

Der Stamm: Transport- und Holzbauunternehmen

Der Stamm ist von der Rinde umhüllt. Die Außenschicht der Rinde heißt BORKE. Sie schützt den Baum vor Witterungseinflüssen und Austrocknung und bildet einen Schutzwall gegen Insekten- und Pilzbefall.

Die innere Rinde heißt BAST. Im Bast laufen die Energieversorgungsleitungen des Baumes.

Was in den Blättern an Nährstoffen gebildet wird, wird im Bast abwärts transportiert in alle Zweige,

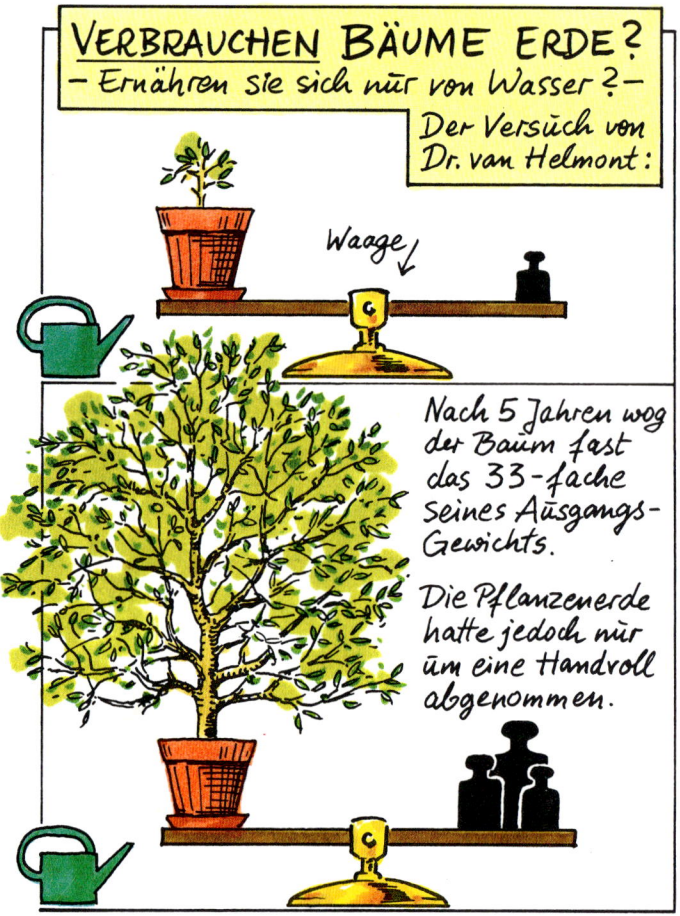

VERBRAUCHEN BÄUME ERDE?
– Ernähren sie sich nur von Wasser? –
Der Versuch von Dr. van Helmont:

Waage

Nach 5 Jahren wog der Baum fast das 33-fache seines Ausgangs-Gewichts.

Die Pflanzenerde hatte jedoch nur um eine Handvoll abgenommen.

Stamm und Wurzeln (absteigender Saftstrom). Diese Nährstoffe versorgen vornehmlich die Wachstumsschicht des Baumes.

Die Wachstumsschicht heißt KAMBIUM. Sie ist nur 1 bis 2 mm dick. Das Kambium erneuert auf der Außenseite die wichtige Bastschicht mit ihren Versorgungsleitungen, und auf der Innenseite bildet das Kambium neues Holz. Der alte Bast übergibt seine Funktionen nach und nach dem neugebildeten jungen Bast. Dann bildet er sich zu Borke um.

Das neue Holz enthält die Wasserleitungen des Baumes. Man nennt es SPLINTHOLZ. Es leitet das Wasser und die Bodennährstoffe zu allen lebenden Zellen bis zu den Blättern (aufsteigender Saftstrom). Einige Jahre lang sind die Wasserleitungen funktionstüchtig. Aber allmählich werden in die Leitungen und in die jungen Holzzellen Mineral- und Konservierungsstoffe eingelagert. Das läßt die Wassertransportfähigkeit des Splintholzes erlahmen. Dafür gewinnt das

Holz an Härte und Festigkeit. Das Holz verkernt. Das KERNHOLZ wird die tragende Säule des Baumes. Es besitzt keine lebenden Holzzellen mehr. Dennoch zerfällt das Kernholz bei gesunden Bäumen nicht. Es wird durch vom Baum produzierte Gerbstoffe und Harze konserviert.

Im Laufe des Jahres transportiert das Splintholz nicht gleichmäßig Wasser in die Krone zu den Blättern, und die Blätter produzieren auch nicht gleiche Mengen an Nährstoffen, die der Bast abwärts leitet. Junge Blät-ter im Frühsommer sind besonders aktiv. Also stellen sie auch viele Nährstoffe her. Das Kambium vermag daher auch viel Holz und Bast zu erzeugen. Das Holz, das im Frühsommer entsteht, ist bei vielen Baumar-ten grobporig und kann viel Wasser nach oben leiten. Im Spätsommer erlahmen die Produktionskräfte der Blätter. Weniger Nährstoffe bedeuten auch geringe-res Wachstum des Kambiums. Es bildet sich SPÄT-HOLZ. Schließlich fallen im Herbst die Blätter ab, und das Wachstum hört ganz auf.

Borke

Bast

Kambium

Splintholz

Kernholz

Im Querschnitt eines Stammes kann man Früh- und Spätholz genau unterscheiden. Helle Frühholz- und dunkle Spätholzschichten wechseln sich ab. Sie bilden Ringe, jedes Jahr einen neuen. An diesen Ringen kann man die Lebensgeschichte der Bäume ablesen. Wenn man die Spätholzringe zählt, kann man das Alter des Baumes bestimmen. Mit der Breite der Ringe erzählt uns der Baum, welche Jahre für ihn fette und magere Jahre waren.

Auch bei unseren Nadelbäumen gibt es Jahresringe. Denn die Nadeln produzieren nicht gleichmäßig Nährstoffe. Ihre Aktivität hängt neben der Lichteinstrahlung auch von der Temperatur und vom Wasserangebot ab. Bei niedrigen Temperaturen im Winter produzieren die Nadeln nur wenig Nährstoffe. Bei einem gefrorenen Boden mangelt es darüber hinaus an Wasser, einem Grundstoff zum Nährstoffaufbau und -transport. Daher kann das Kambium nur schlecht versorgt werden, und das Wachstum ist praktisch unterbunden. So bilden sich bei den Nadelbäumen ebenfalls Ringe.

Nur dann, wenn Sonneneinstrahlung, Temperatur und Wasserversorgung immer gleich bleiben, kann das Holz gleichmäßig wachsen. Diese Bedingungen herrschen im tropischen Regenwald vor. An manchen Tropenhölzern fehlen daher ausgeprägte Jahresringe.

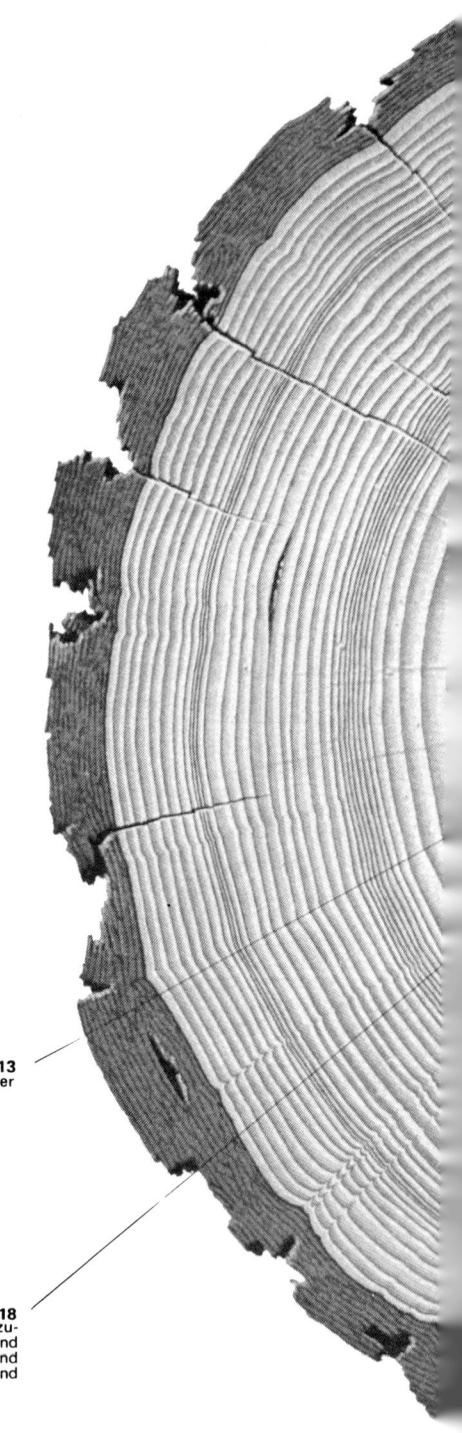

1913
Der Baum (eine Kiefer) ist geboren, der Samen keimt.

1918
Ohne Störungen wächst der Baum zunächst relativ schnell. Frühjahre und Sommer bringen ausreichend Regen und Sonne. Die Jahresringe sind breit und gleichmäßig.

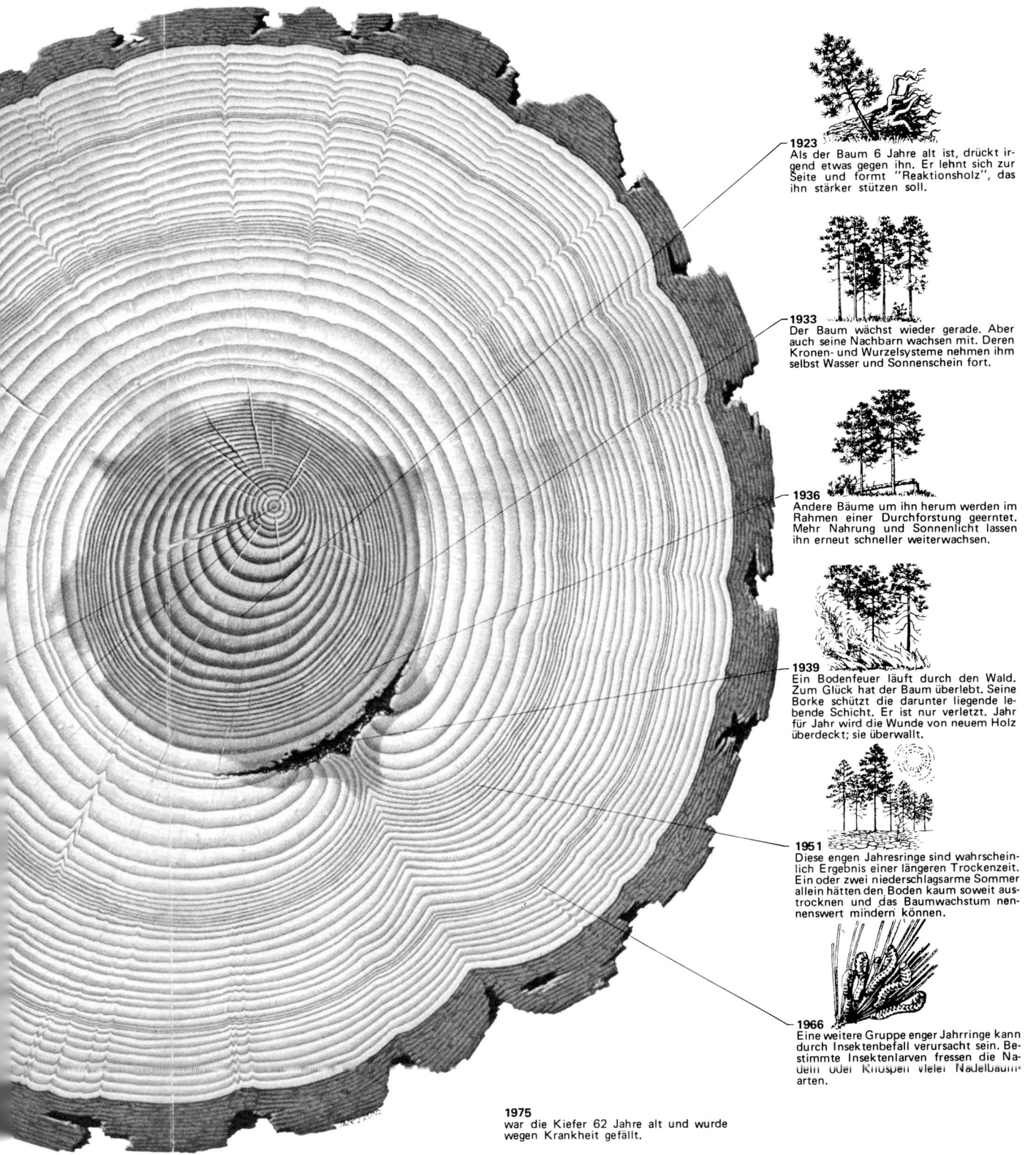

1923
Als der Baum 6 Jahre alt ist, drückt irgend etwas gegen ihn. Er lehnt sich zur Seite und formt "Reaktionsholz", das ihn stärker stützen soll.

1933
Der Baum wächst wieder gerade. Aber auch seine Nachbarn wachsen mit. Deren Kronen- und Wurzelsysteme nehmen ihm selbst Wasser und Sonnenschein fort.

1936
Andere Bäume um ihn herum werden im Rahmen einer Durchforstung geerntet. Mehr Nahrung und Sonnenlicht lassen ihn erneut schneller weiterwachsen.

1939
Ein Bodenfeuer läuft durch den Wald. Zum Glück hat der Baum überlebt. Seine Borke schützt die darunter liegende lebende Schicht. Er ist nur verletzt. Jahr für Jahr wird die Wunde von neuem Holz überdeckt; sie überwallt.

1951
Diese engen Jahresringe sind wahrscheinlich Ergebnis einer längeren Trockenzeit. Ein oder zwei niederschlagsarme Sommer allein hätten den Boden kaum soweit austrocknen und das Baumwachstum nennenswert mindern können.

1966
Eine weitere Gruppe enger Jahrringe kann durch Insektenbefall verursacht sein. Bestimmte Insektenlarven fressen die Nadeln oder Knospen vieler Nadelbaumarten.

1975
war die Kiefer 62 Jahre alt und wurde wegen Krankheit gefällt.

Das Blätterdach, ein Sonnenkraftwerk

Jede grüne Pflanze erzeugt ihre Nahrung selbst. So auch der Baum. Sitz der eigenen Nahrungsfabrik ist das grüne Blatt. Aus dem Kohlenstoffdioxid* der Luft (CO_2) und aus Wasser (H_2O) fabriziert das Blatt Zukker. Die Energie zur Fabrikation liefert das Sonnenlicht. Als Abfall entsteht dabei der Sauerstoff (O_2). Der Produktionsprozeß heißt PHOTOSYNTHESE, was frei übersetzt „Zusammensetzung durch Licht" bedeutet.

Das grüne Blatt ist eine Art Kraftwerk. Ein Kraftwerk wandelt eine schwer verfügbare Energieform in eine leichter verfügbare Energieform um. Ein Kohlekraftwerk z.B. wandelt die in der Kohle enthaltene chemische Energie in elektrische Energie um. Elektrische Energie können wir vielfältiger einsetzen als die Kohle allein. Man sagt, im Kraftwerk wird die Energie „veredelt".

Das Kraftwerk „Blatt" wandelt die Sonnenenergie, mit der die Pflanze unmittelbar nichts anfangen kann, um in chemische Energie. Diese ist im Zucker enthalten. Das Blätterdach des Baumes kann man als großes Sonnenkraftwerk bezeichnen.

Es funktioniert so:

Die Blätter nehmen das Kohlenstoffdioxid (CO_2) durch kleine Spaltöffnungen auf. Es gelangt in die Blattzellen. In den Blattzellen sind Blattgrünkörperchen (Chloroplasten) verteilt.

Vom Wurzelbereich steigt über das Splintholz Wasser bis in die letzten Zweige, Blätter und Blattzellen. Dem Boden entnimmt er dabei nur wenig Substanz. Mengenmäßig fallen die Mineralstoffe gegenüber dem aus der Luft geholten Kohlenstoffdioxid nicht ins Gewicht. Aber sie sind für den Baum genauso lebensnotwendig wie Vitamine, Mineralstoffe und Spurenelemente bei unserer Ernährung.

Wasser und Kohlenstoffdioxid gelangen in die Blattgrünkörper. Bei Lichteinfall wird in den Chloroplasten Wasser in Wasserstoff und Sauerstoff gespalten. Der Sauerstoff entweicht durch die Spaltöffnungen ins Freie. Rund 20 % der Luft besteht aus dem lebenswichtigen Gas, das wir zum Atmen benötigen. Die Pflanze verbraucht selbst nur einen geringen Teil davon, für sie ist der Sauerstoff ein Abfallprodukt.

* Nach der „Deutschen Norm" DIN 32 640 und den Regeln der IUPAC (International Union of Pure and Applied Chemistry) lautet die korrekte Bezeichnung Kohlenstoffdioxid. Der Name Kohlendioxid ist in der Wissenschaft aber noch üblich. Die Autoren dieses Buches verwenden ihn zum Teil auch.

Bei der Reaktion wird das Sonnenlicht in chemische Energie umgewandelt. Die gewonnene chemische Energie ist die Voraussetzung zur Bildung von Zukker, zu dessen Aufbau jetzt das aufgenommene Kohlenstoffdioxid (CO_2) und der abgespaltene Wasserstoff (H_2) verwendet wird. Eine Reihe von anderen Substanzen sind noch bei der Zuckerbildung beteiligt, doch wird dazu kein Sonnenlicht mehr benötigt. Zusammen mit den Nährsalzen aus dem Boden baut der Baum aus dem Zucker alle Bestandteile auf: Blätter, Holz, Rinde, Wurzeln, Blüten und Samen.

Was wir nicht vergessen dürfen: „Das Sonnenkraftwerk" Blätterdach produziert ganz nebenbei Sauerstoff. Für den Baum ist der Sauerstoff Nebenprodukt, fast Abfall, für uns und andere Lebewesen ist er lebensnotwendig. In unserem Körper veratmen wir Zucker und ähnliche Stoffe zu Kohlenstoffdioxid und Wasser. Von der jetzt frei werdenden Energie leben wir. Wir sind Teil eines Kreislaufs. Doch davon soll in einem anderen Abschnitt berichtet werden.

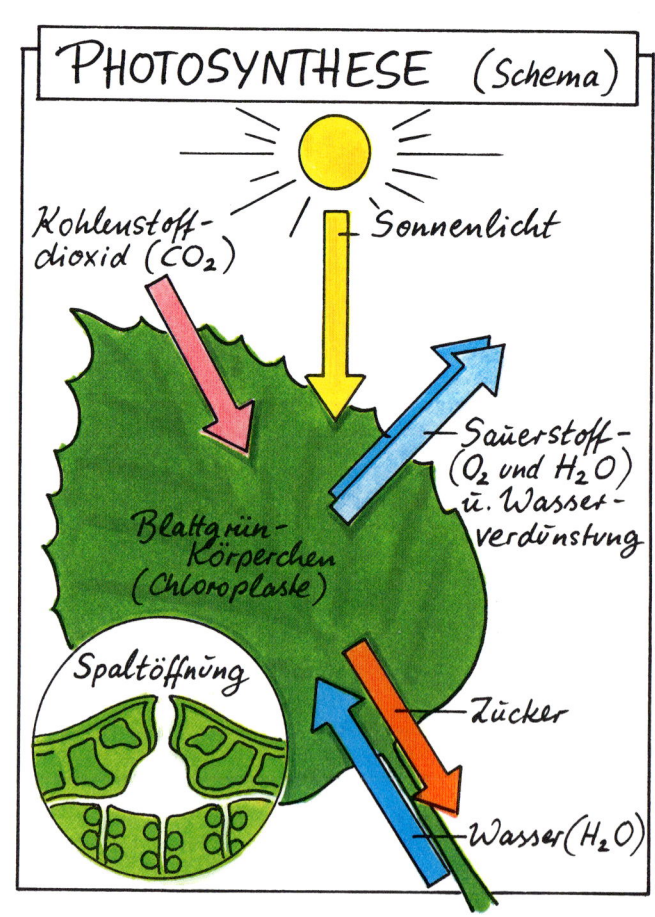

PHOTOSYNTHESE (Schema)

Kohlenstoff-dioxid (CO_2)

Sonnenlicht

Sauerstoff (O_2 und H_2O) ü. Wasserverdünstung

Blattgrün-Körperchen (Chloroplaste)

Spaltöffnung

Zucker

Wasser (H_2O)

Die Wurzeln – Pumpwerk und Fundament

Wer einen zarten Salatsetzling in seinem Garten auspflanzt, drückt feinkrümelige Erde an die feinen Wurzeln und gießt reichlich. Nach dem Auspflanzen steht die kleine Pflanze recht wackelig da. Versäumt der Gärtner das Gießen, welkt sie trotz eines feuchten Bodens. Warum ist das so?

Das Auspflanzen ist für die Pflanze ein schwerer Eingriff. Gelangen die feinen Wurzelhaare an die Luft, so trocknen sie sehr schnell ein. Während des Umpflanzens gehen die meisten von ihnen zugrunde und können kein Wasser mehr aufnehmen.

Wenn beim Auspflanzen ein großer Teil der Wurzelhaare abstirbt, müssen die verbliebenen die ganze Wasserversorgung der Pflanze übernehmen. Das gelingt ihnen nur, wenn vorübergehend ein Überangebot an Wasser vorhanden ist, bis sie wieder neue Würzelchen mit Wurzelhaaren gebildet haben.

Ihre Spitzen sind in der Lage, im Boden bis in die feinsten Hohlräume vorzudringen. Sie können dort auch die geringsten Wassermengen aufnehmen. Das Wasser kommt also nicht zur Wurzel, sondern die Wurzeln wachsen zum Wasser. Das Wurzelgeflecht wird immer größer. Es kriecht in jeden Bodenhohlraum. Die Wasserversorgung der Pflanze wird so immer besser. Außerdem wird sie immer fester verankert.

Auch der Baumkeimling versucht, mit seinen Wurzeln so rasch wie möglich tiefere und damit feuchtere Bodenschichten zu erreichen. Das Wurzelsystem kann immer leistungsfähiger werden und dem wachsenden Baum gleichzeitig immer mehr Halt bieten. Die älteren Wurzeln verholzen und werden wie der Stamm immer dicker.

Wie kommt das Wasser nun von den Wurzeln zu den Blättern? Wird es nach oben gepumpt oder gesaugt?

Zur Photosynthese wird nur ein Teil des Bodenwassers gebraucht. Ein anderer Teil verdunstet durch die Spaltöffnungen der Blätter ins Freie. Durch die Verdunstung wird ein Sog auf das Wasser in tiefer liegenden Baumteilen, z.B. in den Blattstielen, ausgeübt. Das Blattstielwasser fließt in das Blattgewebe. Jetzt herrscht in den Blattstielen ein Unterdruck, der sich über Zweige und Stamm bis in die Wurzeln fortpflanzt. Wurzel und Blatt sind durch Leitgefäße verbunden, die für den Wasser- und Stofftransport in alle Baumteile sorgen; es bilden sich also ununterbrochene Wasserleitungen von den Wurzeln bis zu den Blättern.

Ein Baum verfügt über Millionen solcher Wasserleitungen. Bei einem entwickelten Blätterdach verdunstet eine Buche etwa 100 l Wasser pro Tag, eine große Birke sogar bis zu 400 l. Für uns hat das Verdunsten des Wassers die angenehme Nebenwirkung, daß das Klima im Wald auch an heißen Tagen frisch ist.

Die Saugwirkung der Verdunstung reicht aber besonders bei großen Bäumen noch nicht aus. Es bedarf noch der Pumpwirkung der Wurzeln. Sie wird durch den Wurzeldruck bewirkt. Grob vereinfacht kann man sagen, daß der Wurzeldruck einerseits die Bodenfeuchte durch die Wurzelhaare erschließt und das Wasser mit den Nährsalzen zu den Leitungsgefäßen in der Wurzel bringt und andererseits die Wasserfäden in den Gefäßen von unten nachschiebt.

In engen Gefäßen – wie die Wasserleitungsbahnen im Splintholz – wirkt noch wie eine dritte Kraft: Das Wasser steigt an den Gefäßwänden von selbst in die Höhe. Diese Erscheinung wird KAPILLARITÄT genannt. Je enger das Röhrchen ist, desto höher steigt das Wasser. Wurzeldruck und Kapillarität übernehmen im Frühjahr allein den Wassertransport zu den Knospen. Erst wenn die Knospen die Blätter entfaltet haben, übernimmt die Verdunstung den Hauptteil des Wassertransports.

KAPILLAREFFEKT:

... an der engsten Stelle steigt das Wasser einige Zentimeter hoch.

Plastikfolie

Wasser

Wasser fließt auch bergauf – der Kapillareffekt

Taucht man einen Trinkhalm in Wasser ein, so steigt es im Halm auf und steht dort höher als der Wasserspiegel. Je dünner die Öffnung ist, umso weiter steigt das Wasser. Das kann man besonders deutlich beobachten, wenn man eine steife Kunststofffolie, wie sie häufig bei Verpackungen verwendet wird, knickt, die freien Enden zusammendrückt und in Wasser stellt. An der engsten Stelle steigt das Wasser einige Zentimeter hoch. Um dies noch besser zu erkennen, kann man das Wasser mit Tinte anfärben.

Der Kohlenstoffkreislauf

Der Wald käme ohne die Menschen ganz gut zurecht. Wälder existieren schon seit Jahrmillionen. Sie verjüngen und erneuern sich selbst. In einem beständigen Kreislauf halten sie das Gleichgewicht zwischen sich, dem Boden, dem Wasser und der Luft.

Mitspieler des Kreislaufs sind Produzenten, Konsumenten und Reduzenten.

Ein Beispiel: Eine Lokomotivfabrik (Produzent) baut eine Lokomotive. Die Lok zieht viele Züge bei der Bahn (Konsument). Dabei wird die Lok verschlissen und verbraucht. Schließlich landet sie beim Schrotthändler (Reduzent). Der zerlegt die Lok, ordnet ihre Teile nach verschiedenen Metallen (Grundstoffe) und liefert sie dem Hüttenwerk der Lokfabrik, das die Metalle aufarbeitet. Die Lokfabrik baut eine Lokomotive (Produzent) . . .

Leider bleiben beim Stoffkreislauf der Lokfabrik immer unverwertbare Abfälle liegen, die irgendwo auf einer Mülldeponie landen. Der Kreislauf ist also nie vollkommen. Dagegen macht uns der Wald einen vollkommenen Kreislauf vor. Er beherrscht das perfekte Recycling!

Die Produzenten im Wald sind alle grünen Pflanzen. Von den grünen Pflanzen leben alle Tiere, indirekt auch die Fleischfresser. Das sind die Konsumenten. Irgendwann sterben die Lebewesen. Sie verwesen. Den Verwesungsprozeß besorgen die Zersetzer (Reduzenten). Sie zerlegen alle abgestorbenen Stoffe in ihre Grundbestandteile und stellen sie wieder den Produzenten zur Verfügung.

Beginnen wir mit den PRODUZENTEN! Mit der Photosynthese der grünen Blätter (Produzenten) läuft einer der wichtigsten Prozesse ab, die wir auf der Erde kennen. Ohne die Verarbeitung des Kohlenstoffdioxids aus der Luft zusammen mit Wasser zu dem energiereichen Zucker wäre ein Leben auf der Erde in der heutigen Formenfülle überhaupt nicht denkbar. Die Photosynthese ist die chemische Grundreaktion des Lebens. Aus dem entstehenden Zucker erzeugt die Pflanze durch weitere chemische Umsetzungen Stärke, Zellulose, Fette und Eiweiße, zu deren Aufbau zusätzlich verschiedene Mineralstoffe aus dem Boden (u.a. Stickstoff, Schwefel) notwendig sind. Alle diese Verbindungen enthalten Kohlenstoff. Er ist der Grundbaustoff des Lebens.

Die grünen Pflanzen werden von Tieren (KONSUMENTEN) als Nahrung aufgenommen. Eine Raupe

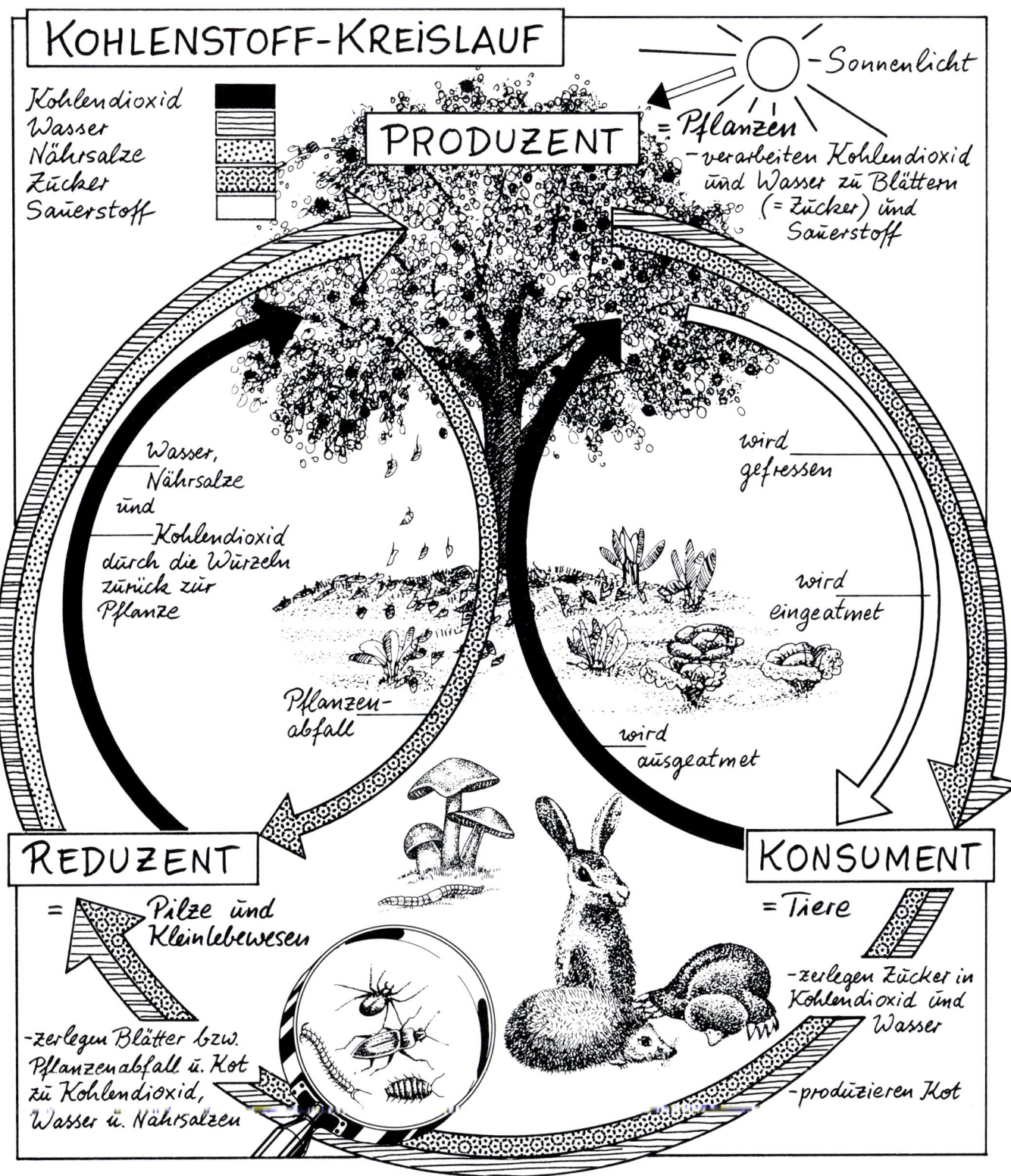

KOHLENSTOFF-KREISLAUF

Kohlendioxid
Wasser
Nährsalze
Zucker
Sauerstoff

— Sonnenlicht

PRODUZENT

= Pflanzen
– verarbeiten Kohlendioxid
und Wasser zu Blättern
(= Zucker) und
Sauerstoff

Wasser,
Nährsalze
und
Kohlendioxid
durch die Wurzeln
zurück zur
Pflanze

wird
gefressen

wird
eingeatmet

Pflanzen-
abfall

wird
ausgeatmet

REDUZENT

= Pilze und
Kleinlebewesen

– zerlegen Blätter bzw.
Pflanzenabfall u. Kot
zu Kohlendioxid,
Wasser u. Nährsalzen

KONSUMENT

= Tiere

– zerlegen Zucker in
Kohlendioxid und
Wasser

– produzieren Kot

frißt sich an den Blättern satt, ein Eichhörnchen knackt die fetthaltigen Samen der Waldbäume. Andere Tiere bevorzugen weitere Pflanzenteile. Die Konsumenten setzen diese Nahrung um in den eigenen Körperbau und in Lebensaktivität; sie müssen sich ja bewegen, um an die Nahrung zu kommen. Woher kommt die Energie dazu? Bei der Verdauung entsteht aus der aufgenommenen Nahrung neben anderen lebenswichtigen Aufbaustoffen wiederum Zucker.

Beim Atmen gelangt der von den Pflanzen produzierte Sauerstoff ins Blut. Der aufgenommene Sauerstoff ermöglicht nun den Umkehrprozeß. Der Zucker wird in Kohlenstoffdioxid und Wasser umgesetzt. Die gleiche Energiemenge kann nun frei werden, die seinerzeit die Pflanze bei der Photosynthese gespeichert hat. Von dieser Energie leben die Konsumenten, auch wir Menschen.

Das Blut transportiert das Kohlenstoffdioxid in die Lunge. Von dort wird es in die Luft ausgeatmet. Das entstandene Wasser gelangt zum Teil in die Atemluft oder wird als Schweiß oder Harn ausgeschieden. Kohlendioxid und Wasser werden in die Atmosphäre entlassen und stehen so jederzeit wieder zur Verfügung. Der kurze Kohlenstoffkreislauf ist geschlossen. Bisher haben die REDUZENTEN im Kohlenstoffkreislauf noch keine Rolle gespielt. Ihre Funktion haben die Verdauungs- und Atmungsvorgänge der Konsumenten übernommen.

Solange ein Organismus wächst, wird bei der Atmung nur ein Teil des aufgenommenen Kohlenstoffs in Form von Kohlenstoffdioxid wieder freigesetzt, wenn auch schon in beträchtlichen Mengen. Ein erwachsener Mensch z.B. atmet in 24 Stunden rund 1 kg CO_2 aus. Der Rest wird zum Aufbau des Organismus benötigt oder mit dem Kot ausgeschieden. Dieser Teil des aufgenommenen Kohlenstoffs bliebe gebunden, gäbe es nicht das gewaltige Heer der Reduzenten. Ihre Funktion soll am Beispiel des alljährlichen Laubfalls verdeutlicht werden.

Die Substanz der Blätter ist aus dem weiterverarbeiteten Zucker aufgebaut worden. Der Hauptbestandteil ist also Kohlenstoff. Ferner wurden auch Nährsalze aus dem Boden zum Aufbau benötigt. Solche Blätter produziert ein Laubwald im Frühjahr gleich tonnenweise. Und im Herbst liegen diese Blätter wieder tonnenweise auf dem Boden.

Eine Verschwendung, könnte man meinen. Im Wald verkommt aber nichts. Sobald im Herbst das Fallaub auf dem Waldboden liegt, fangen einige Käferarten, Asseln und Saftkugler an, daran zu nagen.

Andere Kleinlebewesen, Pilze und Bakterien fressen und zersetzen das Laub in die Ausgangsstoffe: Kohlenstoffdioxid, Wasser und Nährsalze.

Die Nährsalze sind in feine Bodenkrümel gebunden, ein Nährstoffreservoir, aus dem der Wald wieder aus dem Vollen schöpfen kann. Der Kreislauf ist perfekt. Kein Rest, kein Abfall bleibt übrig. Alle Stoffe werden vollkommen wiederverwertet. (vgl. Kapitel „Boden"). In unserem Klima dauert der ganze Zersetzungsprozeß je nach Laubart ein bis drei Jahre.

Die Pilze haben im Wald eine wichtige Aufgabe: Sie zersetzen organisches Material.

Wie das Laub, so vergehen auch alle anderen organischen Substanzen. Ein abgestorbener oder umgestürzter Baumstamm wird erst in einigen Jahren zersetzt, ein Tierkörper in Tagen oder Wochen. In jedem Wald fällt ständig totes Material an. Solange der Wald noch jung ist, produziert er mehr organische Substanz als gleichzeitig abstirbt. Seine Masse, sein Holzvorrat nimmt also zu. Der Boden als Nährstoffreservoir und die Photosynthese ermöglichen den Aufbau. Läßt man den Wald unberührt, so erreicht er ein Stadium, in dem genau soviel produziert wird, wie abgestorbene Bäume und anderes totes Holz, Laub usw. wieder zersetzt werden. Leben und Tod halten sich die Waage. Das ist ein Merkmal des Ökosystems Wald: Am gleichen Ort, wo die organische Substanz aufgebaut wird, stirbt sie auch, gelangt in den gleichen Boden, wird dort zersetzt zu ganz einfachen Substanzen, mit denen alles begonnen hatte: Kohlendioxid, Wasser und Nährsalze.

Wald und Boden. Boden und Wald

Wald ist nicht gleich Wald. Wer einen Wald nicht nur nach seiner Gestalt, seinem Aussehen und nach der Artenzusammensetzung beschreiben will, sondern auch erklären möchte, warum in Skandinavien riesige Nadelwälder vorherrschen, warum an der Westküste Nordamerikas Riesenbäume vorkommen und warum Mitteleuropa fast ganz mit Mischwäldern bedeckt war, der muß sich auch mit den Bedingungen auseinandersetzen, unter denen sich ein Waldtyp herausbildet. Klima und Boden bestimmen, welcher Waldtyp entsteht – und in zunehmenden Maße auch die Menschen selbst.

Das Klima beeinflußt den Boden, der Boden den Wald, der Wald den Boden und das Klima. Verändert sich das Klima, so verändert sich auch die Zusammensetzung des Waldes. Wird der Wald großflächig zerstört, wie wir es gegenwärtig im tropischen Waldgürtel erleben, so ändern sich das Klima und der Boden. Solche Wechselwirkungen und ihre Störungen sind zunächst unauffällig. Sie geschehen schleichend, leise. Und oft genug ist die Veränderung schon viel weiter fortgeschritten, als sie der Augenschein wahrnimmt.

Boden entsteht durch die Verwitterung von Gesteinen und die Tätigkeit von Lebewesen. (Genaueres darüber steht im Kapitel „Erosion".)

Sobald die oberste Schicht des Ausgangsgesteins auch nur angewittert ist, stellen sich erste Pflanzengesellschaften ein. Man nennt sie PIONIERPFLANZEN. Und wenn sich nach einiger Zeit als Pflanzengesellschaft ein Wald einstellt, so ist die Wirkung der Pflanzendecke auf die Bodenbildung im wahrsten Sinne des Wortes besonders tiefgreifend.

- Je mehr Baumarten in einem Waldbestand vorkommen, desto besser und tiefer lockern die Baumwurzeln den Boden auf.
- Je lockerer der Boden wird, desto leichter haben es die Bodentiere beim Wühlen und Vermischen.
- Je schneller das organische Material zerkleinert und vermischt wird, desto schneller kann es von Bakterien und Pilzen zersetzt werden und die Nährstoffe wieder zum Aufbau zur Verfügung stellen.
- Je mehr Nährstoffe verfügbar sind, desto üppiger können die Pflanzen wachsen und desto mehr organisches Material fällt später wieder in Form von Humus an: Der Wald düngt sich selbst.

Bei den Nährstoffen, welche die Pflanzen mit dem Bodenwasser aufnehmen, spielen Stickstoffverbindungen eine wichtige Rolle. Sie sind für die Pflanze lebensnotwendig. Obwohl der Stickstoff mit rund 79 % in der Luft enthalten ist, kann die grüne Pflanze mit diesem Überfluß wenig anfangen. Sie hat keine Organe, den Stickstoff aus der Luft zu holen, im Gegensatz zum Kohlenstoffdioxid, der mit 0,03 % gegenüber dem Stickstoff nur spärlich vorhanden ist. Die Pflanzen holen ihren Stickstoff also aus dem Boden. Sie können ihn nur dann aufnehmen, wenn der Stickstoff in wasserlöslichen Verbindungen vorliegt. Solche Verbindungen produzieren vorrangig Bodenorganismen. Diese Bodenorganismen können aus der Luft den Stickstoff aufnehmen wie die grüne Pflanze den Kohlenstoff. Die Bodenorganismen ernähren sich von den grünen Pflanzen und „bezahlen" dafür mit wasserlöslichen Stickstoffverbindungen. Es besteht also auch eine direkte Wechselbeziehung zwischen der grünen Pflanze und den Bodenorganismen. Manche Pflanzen halten sich ihre eigenen Mikroorganismen: arteigene Mykorrhizapilze an Bäumen oder Knöllchenbakterien an den Wurzeln der Leguminosen (Schmetterlingsblüter, Mimosengewächse; das sind z.B. Lupinen, Erbsen, Bohnen und Wikken). Durch die enge Wechselbeziehung zwischen den grünen Pflanzen und den Mikroorganismen und dem mineralischen Ausgangsboden wird der Waldboden immer fruchtbarer. Die Sache hat nur einen Haken: bis die Kreisläufe so richtig in Schwung kommen, dauert es Jahrhunderte, manchmal sogar Jahrtausende.

Und wenn ein Wald erst einmal zerstört ist, läßt sich eine voll funktionierende Waldgesellschaft nur äußerst schwer wieder herstellen.

Wald und Klima. Klima und Wald

Jede Pflanze benötigt für ihr Leben eine bestimmte Mindestmenge an Sonnenlicht, Wärme und Wasser. Die Zeitspanne, in der Licht, Wärme und Wasser ausreichend zur Verfügung stehen, heißt VEGETATIONSPERIODE. Wenn es wenigstens 60 Tage im Jahr keinen Frost gibt und die mittlere Tagestemperatur mindestens + 10° C beträgt, kann ein Wald bei ausreichenden Niederschlägen entstehen und sich erhalten. Das ist überall in Mitteleuropa außer in den höchsten Alpenlagen der Fall.

Die Vegetationsperiode dauert im Flachland oder in

den geschützten Tallagen wesentlich länger als oben in den Bergen. Ihre Dauer hat natürlich Auswirkungen auf die Art und Zusammensetzung des Waldes. Nicht die mittlere Temperatur ist für das Gedeihen ausschlaggebend, sondern welche Temperaturschwankungen an einem Standort auftreten. Föhren, Birken und Erlen sind sehr frosthart, während Eichen, Ulmen oder Tannen empfindlich auf tiefe Temperaturen, besonders aber auf Spätfröste in der Vegetationsperiode, reagieren. So erklärt es sich, daß bei etwa gleicher mittlerer Jahrestemperatur und bei vergleichbaren Bodenverhältnissen ganz unterschiedliche Waldgesellschaften entstehen können.

Ähnliches gilt für die Niederschläge. Was für den Wald zählt, ist nicht die absolute Niederschlagsmenge auf das Jahr über verteilt, sondern die Verteilung der Niederschläge: Fallen sie regelmäßig oder selten, aber dafür heftig?

Auch die Form der Niederschläge ist wichtig. Wenn z.B. die Hauptniederschläge als Schnee fallen, so müssen die Bäume die Schneelasten tragen oder durch die Form der Äste leicht abschütteln können. So haben sich in schneereichen Gebirgsgegenden Fichtenrassen mit hängenden Ästen herausgebildet. Die Schneemassen können abgleiten, bevor die Last die Äste oder gar den ganzen Baum zerstören würde.

Das Klima setzt dem Wald enge Grenzen. Je extremer sie sind, desto weniger Baumarten können in einer Waldgesellschaft gezählt werden. Ein Waldstück im beständig feuchtheißen Klima der Tropen trägt durchschnittlich 200 verschieden Baumarten pro Hektar. Ein gleich großes Waldstück in Skandinavien, in Finnland oder in Mittelschweden etwa, bringt es auf weniger als 10 verschiedene Baumarten. Dort ist die Fichte vorherrschend, weil sie die extremen Temperaturunterschiede zwischen Sommer und Winter aushalten kann.

Diese wenigen Beispiele mögen genügen, um deutlich zu machen, wie sehr das Klima eine Waldgesellschaft beeinflußt. Der Wald selbst schafft aber auch sein eigenes Klima. Je größer eine geschlossene Waldfläche ist, desto mehr wirkt auch der Wald auf die Klimaverhältnisse der Umgebung.

Der Wald gleicht Klimaschwankungen aus

1. Temperatur

An heißen Sommertagen flimmert die Luft über den offenen Feldern. Unmittelbar am Boden wird die Luft aufgeheizt, hohe Temperaturen herrschen vor. Im Wald dagegen fängt das Blätterdach die eingestrahlte Sonnenenergie regelrecht ein. Die Energie wird zur Photosynthese und zur Verdunstung benutzt oder direkt wieder ausgestrahlt. Lediglich ein kleiner Teil der eingestrahlten Sonnenenergie gelangt bis zum Waldboden vor und kann ihn und die darüberliegende Luft nur wenig erwärmen. Daher bleibt es tagsüber im Wald gegenüber der offenen Landschaft kühler. In der Nacht ist es gerade umgekehrt. Das Blätterdach schützt vor Wärmeabstrahlung. Der Wald wirkt also ausgleichend. Er mildert die Temperaturgegensätze am Boden.

Bei Temperaturmessungen in einem jungen Eichenwald (Eichenstangenholz) zeigte das Thermometer 19,6° C, während die Temperatur in der nahen Heide auf 25,6° C kletterte. In der Nacht kühlte es im Wald auf 9,1° C ab, und in der Heide gab es sogar leichten Frost mit - 0,2° C. Alle Messungen wurden 10 cm über dem Boden durchgeführt.

Die ausgleichende Wirkung des Waldes auf Temperaturunterschiede ist bei einigen Baumarten entscheidend für ihr Wachstum. Als Jungpflanzen sind Eiche, Buche und Tanne sehr frostempfindlich. Während sie als Einzelbäumchen auf freiem Feld oder auf einer Aufforstungsfläche leicht einem Bodenfrost zum Opfer fallen können, bleibt ihnen dieses Schicksal unter dem Schutz der Altbäume erspart.

2. Niederschläge

An der Niederschlagsmenge in einem Klimagebiet kann der Wald kaum etwas ändern. Über dem Wald sind die Niederschläge nur unwesentlich höher als in der waldfreien Umgebung. Aber der Wald speichert das Wasser und gibt es nur langsam ab.

In Wäldern bleibt der Schnee länger liegen als in der waldfreien Umgebung. Also verteilt sich die Schneeschmelze über einen längeren Zeitraum. Das Schmelzwasser kann daher gemächlicher abfließen als im Freiland, die Hochwassergefahr bei der Schneeschmelze kann der Wald so vermindern. Eindrucksvoller ist das Speichervermögen allerdings im Sommer. Schwache Niederschläge erreichen den Waldboden überhaupt nicht. Die Blätter, Zweige, Äste und die Stämme der Bäume müssen erst einmal benetzt werden. Im Mittel werden über ein Viertel aller Niederschläge schon in der Kronenschicht abgefangen und verdunsten von dort. Erst bei stärkeren Regengüssen tropft das Wasser auf den Waldboden ab. Es dringt in den lockeren und porenreichen Boden ein und sickert gleichmäßig langsam zum Grundwasser ab, nicht ohne zuvor alle feinsten Bodenporen wie einen Schwamm gefüllt zu haben. Die Quellen werden durch die Langsamkeit des Wasserabflusses stetig gespeist. Die Wasserführung von Bächen und Flüssen wird ausgeglichener, wenn ihre Quellgebiete in großen Wäldern liegen: Die Unterschiede zwischen Hoch- und Niedrigwasser fallen weit geringer aus als in waldlosen Wassereinzugsgebieten. Dort fließt das Niederschlagswasser auf direktem Wege in die Bäche und Flüsse, die bei einem Platzregen im Sommer bedrohlich anschwellen und oft genug Katastrophen auslösen.

In einem intakten Wald spielt der Oberflächenfluß praktisch keine Rolle. Was in den Boden sickert, gelangt sauber und stetig zu den Quellen; der Wald ist der große Wasserspeicher der Landschaft.

Waldgeschichte

Wie sähe der Wald bei uns in Mitteleuropa aus, wenn es keine Menschen gäbe? Ganz sicher wäre das ein Urwald. So nennt man einen Wald, der noch nicht von den Menschen beeinflußt wurde.

Unsere Geschichte beginnt vor 1 Million Jahren. Fast ganz Europa, Nordamerika und Asien waren mit riesigen Wäldern bedeckt. Der Wald sparte nur die Hochgebirge und ein paar andere extreme Standorte aus. In diesen Wäldern gab es alle Baumarten, die wir auch heute noch in unseren Breiten kennen. Es waren aber auch Baumarten darunter, die heute nur noch in Nordamerika heimisch sind, wie z.B. der Mammutbaum oder die Douglasie.

Vor der Eiszeit bedeckten solche Lorbeer-Urwälder ganz Südeuropa und Nordafrika.

Vor etwa 700 000 Jahren begann für diese riesigen Urwälder auf der ganzen Nordhalbkugel eine Katastrophe: die Eiszeit. Innerhalb von wenigen Jahrtausenden fielen die Temperaturen durchschnittlich um 10 bis 12 Grad. Es entstanden mächtige Gletschergebirge, die von Norden weit in die gemäßigten Zonen vorstießen, und von den Gebirgen flossen Gletscherströme weit ins Vorland hinein.

Zwar vereiste auch die Südhalbkugel, doch diese Vereisung fiel buchstäblich ins Wasser. Dort gibt es keine so große zusammenhängenden Landmassen. Nur das heutige „Feuerland" am Südzipfel des amerikanischen Kontinents wurde von den Südeismassen erfaßt. Ansonsten vergrößerten sich nur die Polkappen über den Südmeeren.

Die Eismassen drängten die Bäume der Urwälder immer weiter nach Süden. Natürlich wurden nicht die einzelnen Baumindividuen verdrängt, sondern deren Nachkommen fanden erst weiter südlich wieder geeignete Lebensbedingungen vor.

In Europa bilden hohe Gebirgszüge von West nach Ost für viele Baumarten unüberwindliche Barrieren: die Pyrenäen, die Alpen und die Karpaten. Einige Baumarten kamen nicht über den Berg, um in südlichen Gefilden überlebenswichtige Refugien vor dem Eis zu finden. Sie starben in Europa aus, so der Mammutbaum oder die Douglasie neben vielen anderen Baumarten. In Nordamerika gibt es keine West-Ost-Gebirgsriegel; dort blieb das gesamte Artenspektrum weitgehend erhalten. Der mitteleuropäische Wald ist deshalb auffallend artenarm im Vergleich zu Nordamerika und Ostasien. In Nordamerika zählt man mehr als 800 verschiedene Baumarten, während es bei uns noch knapp 180 sind, von denen nur 50 Arten erwachsen auch wie Bäume aussehen.

Unsere heutigen Baumarten in Europa haben sich auf die Balkanhalbinsel und ins südliche Osteuropa, möglicherweise aber auch auf die Apenninenhalbinsel und ins heutige Südfrankreich zurückgezogen. Bis heute wechselten sich Eis- und Warmzeiten viermal ab.

Bei jedem Gletschervorstoß zogen sich die Bäume nach Süden zurück. Während der Zwischenwarmzeit breiteten sie sich wieder nach Norden aus und bildeten neue Urwälder. Aber jedesmal schafften manche nicht die Gebirgsbarrieren und starben aus. Andere erreichten zwar Rückzugsgebiete, aber in der neuerlichen Warmzeit war ihr Lebensraum schon durch andere Bäume besetzt. Sie blieben in ihren Rückzugsgebieten:

Jeder kennt die Roßkastanie. Nach der vierten Eiszeit kam dieser Baum nur noch im kleinasiatischen und persischen Raum vor (ebenso auch viele unserer Obstbaumarten), obwohl er in der dritten Warmzeit auch in Mitteleuropa verbreitet war. Man ist sich nicht sicher, ob es die Roßkastanie heute überhaupt noch geben würde, wenn sie nicht vor einigen hundert Jahren bei uns in Mitteleuropa als Parkbaum angepflanzt worden wäre.

Ein anderes Beispiel ist die Serbische Fichte. Sie kam zusammen mit der Gemeinen Fichte überall vor. Nach der letzten Eiszeit fristete die Serbische Fichte auf einer Fläche von weniger als 100 Hektar während der letzten 10 000 Jahre im südlichen Jugoslawien, in Serbien, ein kümmerliches Dasein. Sie schaffte es nicht mehr, aus ihrem Rückzugsgebiet auszubrechen, weil ihr Lebensraum durch andere Arten vollständig besetzt war. So stand sie unmittelbar vor dem Aussterben. Erst Ende des 19. Jahrhunderts wurde sie entdeckt.

Sie wurde in vielen Vorgärten angepflanzt. Vielen Menschen gefiel der schlanke Zierbaum und seine blaugrüne Stachligkeit. So wurde diese Art, die vielleicht nur noch wenige Jahrhunderte am Leben geblieben wäre, vor dem Aussterben bewahrt.

Nach der letzten Eiszeit, vor 15 000 Jahren, kündigte sich wiederum ein Klimaumschwung an. Es wurde langsam wärmer. Die Vegetation war allerdings in Europa noch ärmlich. Es sah überall so aus wie heute in Nordkanada oder wie die Tundren Sibiriens. Es gab Flechten, Zwergbirken, Strauchweiden und viel leeres Land.

Der Erwärmungsprozeß dauerte 3 000 bis 7 000 Jahre. Das war Zeit genug, daß sich die Bäume aus ihren Rückzugsgebieten wiederum ausbreiten konnten. Alle Waldgemeinschaften sind in Europa relativ jung. Den zurückweichenden Eismassen folgten zunächst die Birken und die Föhren (Kiefer). Diese Baumarten sind klimatisch sehr anspruchslos. Sie vertragen recht gut Kälte und magere Böden. Denn wo das Eis sich zurückzog, hinterließ es zunächst unfruchtbare Rohböden. Das ist ein Boden ohne nennenswerte Humusdecke, und er ist manchmal auch sehr dicht. Die Wurzeln dieser Pionierbaumarten lockern den Boden; das Laub oder die Nadeln ergeben zusammen mit den Resten von Sträuchern, Moosen und Flechten eine erste fruchtbare Humusschicht.

Birken und Kiefern sind Lichtbäume. Sie konnten die ersten Urwälder bilden, weil sie auch in ihrer Jugend genügend Platz und Licht für ihre Verbreitung vorfanden.

Nach und nach wanderte die Hasel ein, gefolgt von Eiche, Ulme, Ahorn, Esche. Die Einwanderung erfolgte in Süddeutschland etwa vor 12 000 Jahren, während das norddeutsche Tiefland noch 3 000 Jahre warten mußte. In Schleswig-Holstein schmolzen zu jener Zeit erst die letzten „Toteisreste", die heute die schönen Seen in der Holsteinischen Schweiz bilden. Das Klima wurde sogar kurzfristig wärmer als heute, und in den entwickelten Böden fanden die anspruchsvolleren Baumarten gute Lebensbedingungen. Die Kiefern und Birken wurden auf kargere Böden abgedrängt, denn sie konnten sich als kleine Bäume unter dem Laubdach der Eichenmischwälder nicht mehr gut entwickeln. Das konnten aber zwei andere Baumarten, nämlich überall die Buche und vor allem in Süddeutschland die Tanne. Beide Baumarten können in ihrer Jugend gut Schatten vertragen. Sie können beispielsweise jahrzehntelang im Schatten einer Eiche verharren. Irgendwann geht die Eiche zugrunde.

Nun ist die große Chance der Buche gekommen: nach jahrelangem Verharren als mickriges Bäumchen „schießt" sie plötzlich los und nimmt den Platz der abgestorbenen Eiche ein. Zugleich läßt sie durch ihr dichtes Kronendach die Keimlinge der Eiche nur schwer durchkommen. Vielmehr wird die eigene Art begünstigt. Dazu kommt, daß die Buche ein feuchtes, warmes Klima vorfindet. Der Boden ist durch ihre Vorgängerbäume gut bestellt. Die Buche wird so zur erfolgreichsten Baumart in ganz Mitteleuropa.

Überall dort, wo es keine ganz optimalen Bedingungen für die Buche gibt, blieben die Vorgängerbaumarten erhalten oder bilden mit der Buche Mischverbände:

● Wo der Boden gut entwickelt, aber trotz eines trockenen Klimas schwer und feucht ist, blieb die Eiche vorherrschend. Sie bildet gern zusammen mit Birke und Hainbuche (welche keine Buche ist) Mischbestände.

● Die Buche verträgt kein Hochwasser. Deshalb herrschen in der Nähe von Flußläufen Weide, Erle und Pappeln vor. Etwas weiter weg, auf den lehmigen Auenböden, sind Ulme und Esche so starkwüchsig, daß sie andere Baumarten verdrängen.

● Die Tanne braucht einen feuchten, dichten Boden und ein ausgeglichenes Klima ohne extrem tiefe Temperaturen. Wo solche Bedingungen vorherrschen, gewinnt sie Vorteile gegenüber der Buche, zumal auch die Tanne ein Schattenbaum ist. In mittleren Lagen des Schwarzwaldes würde sie gemeinsam mit der Buche den Schwarzwälder Urwald bilden.

Wo bleibt in unserem mitteleuropäischen Urwald die Fichte? Sie kommt doch heute in unseren Wäldern am häufigsten vor!

Die Fichte hatte gegenüber den meisten Laubbäumen kaum eine Chance. Zwar verträgt sie große Kälte und saure Böden. Auch Trockenheit verträgt sie zeitweise besser als die Buche. Am besten gedeiht sie jedoch in den niederschlagsreichen Voralpengebieten und in den Hochlagen der Mittelgebirge wie im Harz oder im Bayerischen Wald. Dort kann sie sich gegenüber der frostempfindlicheren Buche durchsetzen. Im Hügelland und im Flachland ist die Fichte in ihrer Jugend gegenüber anderen Bäumen im Nachteil. Sie wird leicht überdeckt, zu sehr beschattet und kann daher ihre überragende Wuchskraft nicht ausspielen. Gemessen am Areal der natürlichen Buchen- und Buchenmischwaldbestände waren der Fichte nur kleinräumige natürliche Standorte zugewiesen.

Wir Menschen brauchen den Wald

Gäbe es keine Menschen, so wäre das Gebiet der Bundesrepublik Deutschland fast vollständig mit Wald bedeckt. Die Bodenverhältnisse und das Klima Mitteleuropas machen unser Land zu einem Waldland. Doch heute sind nur noch 29 % der Bundesrepublik mit Waldflächen bedeckt. Diese Waldflächen sind jedoch keine Restbestände der ehemaligen mitteleuropäischen Urwälder, sondern fast ausschließlich Wirtschaftswälder, d.h. unsere Wälder werden planmäßig bewirtschaftet. Sie haben sich dadurch grundlegend geändert. Der natürliche Wald wäre Laubmischwald mit Buchen, Erlen, Ulmen, Ahornen und vielen anderen Bäumen, je nach Bodentyp und Klimaverhältnissen. Nadelwälder würden nur eine untergeordnete Rolle spielen. Unser bewirtschafteter Wald besteht jedoch zu 65 % aus Nadelbäumen, hauptsächlich Fichten. Dieser Wald entstand zu Beginn des 19. Jahrhunderts.

Seit dem frühen Mittelalter rodete man die Waldflächen, um Siedlungsräume und Ackerland zu erhalten. Der Wald wurde als etwas Feindseliges angesehen; entsprechend grob ging es beim Hieb und der Brandrodung zu. In den verbliebenen Wald trieb man das Vieh. Rinder und Ziegen weideten an der Krautschicht oder an den jungen Bäumen und Austrieben, und die Schweine verzehrten Eicheln und Buchekkern. Das Laub wurde zusammengerecht, um es zu verfüttern oder als Streuunterlage im Stall zu benutzen. Die Folge dieser Waldnutzung kann man sich vorstellen: Die Wälder vergreisten, weil sie sich nicht verjüngen konnten. Die Bauern brachten das Laub als Streu in ihre Ställe; die Streu wurde den natürlichen Stoffkreisläufen im Wald entzogen.

Sicherlich gab es schon im Mittelalter Gesetze und Verordnungen zum Waldschutz und auch drakonische Strafen für Waldfrevel, doch hatten diese nur lokale Bedeutung. Übers ganze Land gesehen konnten die Gesetze den Raubbau und den Niedergang der Wälder nicht aufhalten.

Vor 200 Jahren war der Wald bei uns mindestens genauso bedroht wie heute, wenn auch aus anderen Gründen.

Die damaligen Wälder konnten den Holzbedarf kaum mehr decken. Die neu entstandenen Industrien und Bergwerke verlangten Hölzer in ausreichenden Stärken, während bisher das meiste Holz zum Heizen (Brennholz und Holzkohle) und weniger als Bau- und Schreinerholz verwendet wurde. Es drohte akuter Holzmangel.

Damals fing man an, die vorhandenen Holzvorräte zu berechnen. Nach jenen Berechnungen sollten die Holzvorräte höchstens bis in die zweite Hälfte des 19. Jahrhunderts reichen, wenn die Wälder in der gleichen sorglosen Weise geplündert würden.

Um den Holzbedarf zu decken, entstand in allen deutschen Ländern eine wissenschaftlich-praktische Forstwirtschaft. Anfangs versuchte man, die Landwirtschaft in ihren Anbaumethoden nachzuahmen. Man wußte bereits, daß Nadelhölzer schnell wachsen und bald den gewünschten Holzertrag erbringen können. Also wurden große Waldflächen mit Fichten, bei mageren Böden mit Kiefern bepflanzt. So entstanden Reinkulturen oder die heute berüchtigten Holzäcker. Sie sind rationell zu bewirtschaften: Auspflanzung der Sämlinge, leichtes Durchforsten und Holzernte, Kahlschlag, Neupflanzung. Der Erfolg gab dieser Bewirtschaftungsform zunächst recht. Die künftige Versorgung mit Bau- und Industrieholz schien gesichert. Doch Rückschläge durch die vermehrte Krankheitsanfälligkeit der Monokulturen zeigten bald die Grenzen dieser Bewirtschaftung auf.

Noch heute werden große Flächen mit Kiefern bepflanzt.

Gegen Ende des 19. Jahrhunderts wurden die natürlichen Zusammenhänge und Auswirkungen des Waldaufbaus und seine Funktionen besser erforscht. Schon um die Jahrhundertwende wußte man, daß nur ein naturnaher Wald noch andere Aufgaben erfüllen kann, wie den Ausgleich des Klimas, das Filtern der Luft und das Reinhalten des Wassers. Doch dies sind Leistungen des Waldes, die keinen unmittelbaren wirtschaftlichen Gewinn erbringen. Ein naturnaher Wald kostet mehr als der „Holzacker". Dennoch erkannte man, daß der „Kahlschlagbetrieb" langfristig für alle Nachteile brachte:

1. Der Wasserhaushalt der umgebenden Landschaft wird gestört.
2. Der Boden wird abgeschwemmt und daher
3. das Wiederaufforsten schwieriger und teurer.

Das Gewinndenken ist die Ursache für den unnatürlich hohen Nadelholzanteil im Wald. Eine andere Ursache ist – wie schon erwähnt –, daß die Streu über Jahrhunderte entfernt wurde. Die Waldböden verarmten, so daß für lange Zeit nur noch anspruchslose Nadelbäume darauf wachsen konnten. So wurde die Fichte in den letzten 150 Jahren zum häufigsten Baum in unseren Wäldern. Heute nimmt sie zusammen mit der Tanne und der aus Nordamerika eingebürgerten Douglasie fast die Hälfte der gesamten Waldfläche ein. Die Kiefer folgt mit deutlichem Abstand, dann kommt die Lärche.

Die Nadelbäume prägen also seit dem letzten Jahrhundert das Waldbild. Die Entscheidung dafür, was damals gepflanzt wurde, kann nur sehr langsam korrigiert werden. Denn nur bei einem Prozent der gesamten Waldfläche entscheidet die heutige Förstergeneration, wie dort der Wald in 100 Jahren aussehen wird. Es sind jeweils Entscheidungen, die dann wiederum für lange Zeit nicht mehr korrigiert werden können. Auch heute versucht man noch oft, neue Fichten- oder Kiefermonokulturen anzulegen, auch oder gerade auf Böden, die einen Mischwald tragen könnten. Leider hat bisher noch niemand in Mark und Pfennig nachweisen können, daß z.B. eine Fichtenmonokultur auch vom wirtschaftlichen Gesichtspunkt aus ungünstiger ist als ein Mischwald.

Der Regenwald wird zerstört

Im Auftrag von internationalen Handelsunternehmen werden alljährlich 5 Millionen ha Regenwald „geerntet", sprich vernichtet. Mehr als die Hälfte dieses Holzes wie z.B. Teak, Limba, Palisander- und Mahagoniarten werden nach Europa, Nordamerika und Japan exportiert. Dort werden sie zu Fensterrahmen, Türen und Möbeln, ja sogar zu Besenstielen verarbeitet. Seit 1950 ist die Nachfrage nach Tropenholz in den Industrieländern um das 18-fache angestiegen.

Die steigende Beliebtheit des Tropenholzes hat zwei Gründe:
1. die hohe Qualität und 2. den niedrigen Preis.

Der Preis für das Tropenholz wäre wesentlich höher, wenn die Kosten für einen ordentlichen „Plenterbetrieb" (d.h. nur einzelne, reife Bäume werden geschlagen bei größtmöglicher Schonung des Jungwuchses), für Wiederaufforstung, Waldpflege und für gerechte Löhne der Waldarbeiter dazugerechnet würden. Dann würden wir uns überlegen, ob unsere Fenster aus Sipo-Mahagoni oder unsere Türen aus Afzelia gefertigt werden sollten. Der Holzpreis wäre dann etwa doppelt so hoch wie jetzt. Jedoch wird der Holzpreis auf dem Weltmarkt von den Industriestaaten diktiert. Und die Erzeugerländer in der Dritten Welt müssen den Preis akzeptieren, um überhaupt an Geld zu kommen. Dabei verhalten sie sich wie bei uns viele Leute nach dem Krieg, die für einen Sack Kartoffeln eine wertvolle Uhr oder Schmuck eintauschten, nur um wieder ein paar Tage zu überleben. Während man auf Schmuck notfalls verzichten kann, sind die Folgen des Geschäfts mit dem Tropenholz für uns alle verheerend: Statt des vielfältigen Lebens im Tropenwald bleibt zerstörtes und unfruchtbares Land zurück. Denn nach den Holzfällern kommen Menschen aus den Slums der Dritte-Welt-Metropolen. Sie siedeln an zur Holzbeförderung angelegten Wegen. Um aus dem ehemaligen Urwaldboden Ackerland zu gewinnen, verbrennen sie das Gestrüpp und das „minderwertige" Holz, das die Holzfäller noch stehen gelassen haben – denn nur jeder 10. bis 20. Baum wird verwertet, den Rest zermalmen Bulldozer. Ein paar Jahre können die Siedler noch aus dem Ertrag dieses Bodens ein kärgliches Dasein fristen, aber dann ist endgültig Schluß: Der Boden ist vollkommen unfruchtbar geworden und wird vom niederprasselnden Regen weggespült. Um überleben zu können, sind die Siedler gezwungen, wiederum den Holzfällern nachzuziehen oder selbst noch unberührten Wald zu brandroden.

Solange die Bevölkerungszahl in den Ländern rund um den Äquator niedrig war, konnte der Tropenwald die Brandrodung verkraften. Heute aber leben etwa 200 bis 300 Millionen Menschen von dieser waldvernichtenden Wirtschaftsweise – und jedes Jahr kommen nochmals 10 bis 15 Millionen Menschen hinzu. Damit steigt auch der Brennholzbedarf steil an. Holz ist hier die einzige Möglichkeit, um Energie zum Kochen oder Heizen zu bekommen. Den landsuchen-

Durch den Regenwald Sumatras wird eine Schneise geschlagen: Jährlich werden 50 Millionen Hektar Regenwald vernichtet.

den Siedlern in den Regenwaldgebieten und den Brennholzsammlern in den angrenzenden trockeneren Gebieten kann man keinen Vorwurf machen, wenn sie mehr um ihr karges Einkommen als um das ökologische Gleichgewicht besorgt sind.

Neben den internationalen Holzhandelsunternehmen sind es die Großfarmer in Zentralamerika und im Amazonasgebiet, die die Zerstörung des Regenwaldes verschulden. Sie lassen jährlich 2,5 Millionen ha Regenwald roden, um Weiden für Rinderzucht oder Monokulturen für Soja und Mais anzulegen. Rindfleisch, Soja und Mais sind jedoch nicht für den heimischen Markt bestimmt, sondern für den Export nach den USA und Europa. In den USA wird das Rindfleisch als Beefhack zu „Hamburgern" der Fast-Food-Ketten verarbeitet. Soja und Mais werden hauptsächlich in Europa als Kraftfutterbestandteil ans Vieh verfüttert. In Bayern z.B. werden in jedem Jahr 300 Millionen kg Soja-Ölkuchen verbraucht; davon stammt gut die Hälfte aus dem brasilianischen Amazonasgebiet. Das Rindfleisch für die deutschen Fast-Food-Ketten stammt zwar hauptsächlich aus Bayern, die Rinder werden jedoch mit Soja ernährt!

12 Millionen ha Regenwald werden jährlich vernichtet, weitere 10 Millionen werden so geschädigt, daß der Wald in absehbarer Zeit sterben wird.

Jeder von uns in Europa trägt zum Untergang des Regenwaldes bei. Denn wir zahlen keine angemessenen Preise für wertvolle Tropenhölzer, und wir verzichten nicht auf die billigen Bouletten zwischen den pappigen Brötchen. Noch zahlen größtenteils die Völker der Dritten Welt die Zeche für uns, aber am Ende bekommen wir alle die Folgen des Raubbaus am Regenwald zu spüren.

Folgen der Zerstörung des Regenwaldes

Die Zerstörung der Regenwälder bezeichnen Experten als ein erdgeschichtliches Ereignis, das vielleicht größere Auswirkungen haben wird als die großen Eiszeiten.

Es wird befürchtet, daß sich das Klima weltweit verändert. Die heftigen Niederschläge über dem Regenwald stammen zum größten Teil aus der Verdunstung des Regenwaldes selbst: Er ist zum großen Teil Selbstversorger. Das ändert sich umgehend, wenn der Regenwald großflächig gerodet wird. Der Wasserkreislauf wird unterbrochen, weil große Waldflächen fehlen, die Wasser verdunsten könnten.

Im großen Ausmaß zeigt sich dieses heute im indischen Gangestal. Das Tal war ein fruchtbares Reisanbauland. Der Ganges mit seinem Quellgebiet im Monsunregenwald des Himalaya lieferte jährlich zur rechten Zeit das benötigte Wasser für die Reisfelder. Heute ist der Wald im Quellgebiet weitgehend abgeholzt. Die Folge: Wenn es während der Monsunperiode im Himalaya heftig regnet, reißen die Wassermassen den ehemaligen Waldboden mit sich fort und bedecken die Talebene mit Schlamm und Hochwasser. An Reisanbau ist kaum noch zu denken. Wo doch Reis angebaut werden kann, fehlt in der Reifezeit das Wasser. Die indische Regierung schätzt den alljährlichen Schaden auf 1 Milliarde Dollar. Das ist mehr als der abgeholzte Wald jemals eingebracht hat!

Fehlt der Wald, werden zumindest in den Tropen die Wassermengen geringer. Die Niederschläge fallen nicht mehr regelmäßig, dafür aber umso heftiger. Der kahle Boden kann die Wassermassen nicht mehr aufnehmen und wird weggespült: er erodiert (s. Kapitel „Erosion"). Flut und Dürre wechseln sich ab. Das Klima ändert sich zunächst in der unmittelbaren Umgebung. Je mehr Wald zerstört wird, desto größer werden die Gebiete mit Klimaänderung. Kontinente werden erfaßt und schließlich die ganze Erde. Wenn der Regenwald abgebrannt wird, entstehen große Mengen Kohlenstoffdioxid (CO_2), das sich in der Luft anreichert. Auf den verwüsteten, kahlen Böden wachsen keine Pflanzen mehr, die durch ihre Photosynthese aus dem CO_2 wiederum Biomasse und Sauerstoff produzieren könnten.

Wenn sich aber Kohlenstoffdioxid in der Atmosphäre anreichert, so wird sie immer wärmer – wie die Luft in einem Treibhaus (sog. TREIBHAUSEFFEKT). Die Folgen der Erwärmung können wir heute noch nicht abschätzen.

Außerdem werden durch die Zerstörung des Regenwaldes viele Tier- und Pflanzenarten aussterben. Allein im Tropenwald von Ecuador leben schätzungsweise 20.000 Pflanzen- und 40.000 bis 80.000 Tierarten, die nur dort vorkommen. Jede Regenwaldregion bringt typische Arten an Pflanzen und Tieren hervor. Wenn nun ein Gebiet zerstört wird, sterben auch diese Arten unwiderruflich aus. Nur ein Bruchteil dieser Pflanzen und Tiere sind der Wissenschaft bekannt; nur eine von 100 Regenwaldpflanzen ist heute genauer untersucht. Die Urahnen der meisten Tiere und Pflanzen – auch der bei uns – stammen aus den Regenwäldern der Tropen und haben sich im Verlauf von Jahrmillionen unserem Klima angepaßt. Auch heute noch ist der Regenwald Quelle der Formenvielfalt des irdischen Lebens. Ohne ihn würde diese Quelle versiegen.

Holzverbrauch heute

Allein im Jahr 1984 wurden auf der ganzen Welt 3 044 000 000 Kubikmeter Holz geschlagen und verbraucht! Die Tendenz ist steigend; der Weltverbrauch an Holz dürfte bis zum Jahre 2000 um 4 Milliarden Kubikmeter liegen.

Im Durchschnitt werden in der Bundesrepublik Deutschland im Jahr 60 Millionen Festmeter Holz verbraucht. Das ist umgerechnet 1 m³ Holz pro Person. Darin enthalten sind nicht nur Bohlen, Bretter, Holzpfähle und Eisenbahnschwellen, sondern auch Erzeugnisse, die aus dem Rohstoff Holz hergestellt werden: z.B. Papier und Pappe, Zellstoff und vieles andere mehr.

Ein Festmeter Holz entspricht einem massiven Holzwürfel von 1 m Kantenlänge. Das ist ein Kubikmeter (1 m³).

Holz ist wertvoller Rohstoff für viele Dinge, die wir täglich benutzen.

Ein Beispiel, damit man sich die jährlich verbrauchte Holzmasse vorstellen kann:
Ein Fußballfeld ist in der Regel 105 m lang und 70 m breit; es hat also eine Fläche von 7.350 m². Würde man Schicht für Schicht alle Holzwürfel auf der Grundfläche des Fußballfeldes übereinanderstapeln, ergäbe sich eine Höhe von mehr als 8.000 m. So hoch ist ungefähr der höchste Berg der Erde.

Der Wald als Lebensraum

Der Wald ist Lebensraum für viele Pflanzen und Tiere.
Wenn es ihn nicht mehr gibt, verschwinden auch seine Bewohner, z.B. der Specht, das Wildschwein, die Eulenvögel, Hirsche und Rehe.
Wenn man leise ist, kann man sie an stillen Tagen noch entdecken.

Und unser Wald?

Nachdem die Wälder bei uns lange abgeholzt und geplündert wurden, haben viele deutsche Forstleute und Waldbesitzer – wie ihre Kollegen in anderen Ländern – versucht, in den letzten Jahrzehnten den Wald wieder in Ordnung zu bringen. Insgesamt haben die Waldflächen in der Bundesrepublik zugenommen. Eigentlich eine erfreuliche Tatsache. Dennoch ist unser Wald mehr bedroht denn je: Große, geschlossene Wälder werden seltener. Ausgerechnet in Ballungsräumen wie im Ruhrgebiet, wo der Wald dringend gebraucht wird, ist dies der Fall. Gerade hier wird der Wald geopfert für Autobahnen, Flughäfen, Wohngebiete und militärische Anlagen. Und die zerstückelten Waldreste in den Ballungsräumen können nicht leisten, was wir brauchen:

Sie liefern nicht mehr ausreichend gesunde Luft und gutes Wasser, und sie können Staub und Lärm nicht mehr schlucken.

In der Bundesrepublik gibt es nur 417 geschlossene Wälder, die größer sind als 20 km², das sind lediglich 6,3 % der gesamten Waldfläche. Und diese liegen fernab von den Ballungsgebieten.

Weder Förster noch Gesetze haben die Wälder nahe den Ballungsgebieten schützen können. Wenn Verkehrswege, Energieversorgung, militärische Anlagen und Wohngebiete ausgebaut werden sollen, werden die Bäume abgeholzt. Und wenn es manchmal doch gelungen ist, ein Waldstück zu retten, so ist das meist dem Widerstand von Bürgerinitiativen zu verdanken. Obwohl also die Waldflächen insgesamt jährlich um 0,1 % zunehmen, worauf Bürokraten und Politiker unentwegt hinweisen, ist der Wald mittlerweile in den Ballungsgebieten einem Kollaps bedrohlich nahe, weil die durch Straßen und Energietrassen eingeschnürten Waldreste sich kaum mehr selbst erhalten können und ihre Funktionen nach und nach einstellen, zum Schaden aller Bürger. Was noch vor ein paar Jahren verantwortliche Politiker als Panikmache von „Ökofreaks" und „selbsternannten Umweltschützern" abtaten, heißt heute im Behördendeutsch: „neuartige Waldschäden".

Der Wald bei uns stirbt nicht dadurch, daß im Forstbetrieb große Mengen Holz geschlagen werden (und daß wir große Mengen einheimischer Hölzer verbrauchen). Bedenklicher sind die Rodungen.

Die ganz großen Verursacher des Waldsterbens sind aber der SAURE REGEN und die Luftverschmutzung. Dadurch hat das Waldsterben heute bedrohliche Ausmaße angenommen.

Drei Stufen des Baumsterbens am Beispiel einer Fichte:
Der kaum geschädigte Baum, beginnende Kronenverlichtung, starke Verlichtung der gesamten Baumkrone.

Wird unser Wald bald überall so aussehen? Der Saure Regen schädigt sogar auch den Stein: Unten sieht man eine Skulptur, 1964 und 1984 aufgenommen.

Nach der letzten Waldschadenserhebung sind bereits 52,3 % der Waldfläche geschädigt. Es gibt praktisch kein Areal mehr, in dem keine „neuartigen Waldschäden" vorkommen. 35 % aller Flächen oder 2,6 Millionen ha sind schwach geschädigt (11 bis 25 % Laub- und Nadelverlust), 16,2 % oder 1,2 Millionen ha sind stark geschädigt (26 bis 60 % Laub- und Nadelverlust) und damit nur schwer wieder regenerierbar. Schließlich sind 1,1 % oder 84 000 ha praktisch abgestorben.

Die Waldschäden nehmen immer noch zu. Betroffen davon ist nicht nur die Bundesrepublik, sondern alle Industrieländer. Über die Ursachen und den Krankheitsverlauf wird noch geforscht. Es ist mittlerweile aber unbestritten, daß das Waldsterben eine komplexe Krankheit ist, die durch Luftverschmutzung und sauren Regen ausgelöst wird.

Schwefeldioxid aus den Schloten der Kraftwerke, Schwermetalle und Stickoxide aus Industrieanlagen und Kraftfahrzeugen zerstören das empfindliche lebendige System zwischen Luft, Boden und Wald und bringen diesen langsam zum Absterben.

Nur eine drastische Einschränkung der Luftverschmutzung durch Rauchgasentschwefelung, Energieeinsparung, Verbesserung der Energieausnutzung und der Einbau von Katalysatoren in Autos kann dem kranken Wald helfen. Aber selbst dann, wenn die Schadstoffemissionen sofort eingestellt werden könnten, wird das Waldsterben nicht gleich aufhören. Was wir Menschen dem Wald in den letzten Jahrzehnten angetan haben, reicht zu tief in das Ökosystem hinein, als daß seine Wunden und Krankheiten von heute auf morgen geheilt werden könnten. Doch konsequentes, umweltbewußtes Handeln kann ihn noch retten.

Seine Lebenskraft ist noch nicht erloschen!

Erosion

Helmut Geiser

Eine Landschaft verändert sich

Es gab einmal ein liebliches, schönes Tal. Kleine Ortschaften mit wohlklingenden Namen wie Mondadizza, Bolladore und Somtiolo säumen die Straße und den Fluß namens Adda. Der Name des Tales ist nicht weniger wohlklingend: Valtellina, zu deutsch das Veltlin.

Das langgestreckte Tal liegt in den italienischen Alpen zwischen der Provinzhauptstadt Sondrio und dem Skiort Bormio. Die Touristenkarten weisen das Tal durch einen dicken grünen Streifen als landschaftlich besonders reizvolle Strecke aus. Eine Idylle! Sie endete jäh am Morgen des 28. Juli 1987. Vom 3066 m hohen Pizzo Competto brachen etwa 40 Millionen Kubikmeter Fels, Geröll und Schlamm ab. Die Fels- und Geröllmassen donnerten zu Tal und begruben das Dörfchen Sant' Antonio Morignone unter sich. 28 seiner Einwohner fanden dabei den Tod. Die Schuttmassen bildeten im Tal eine riesige Staumauer, mehr als drei Kilometer lang und bis zu 100 Meter hoch. Hinter dieser Mauer staute sich die Adda. Es entstand ein See, der das ganze Tal bis zu der 60 km entfernten Stadt Sondrio zu überschwemmen, zu verwüsten drohte. Denn man wußte nicht, wie lange der Geröllwall dem Druck des Addawassers standhalten konnte. Die Bevölkerung wurde in höhergelegene Orte evakuiert; Katastrophenpläne wurden ausgearbeitet. Einige Wochen später gelang es, den Geröllwall so anzustechen, daß die inzwischen aufgestauten 20 Millionen Kubikmeter Wasser langsam abflossen.

Die befürchtete Katastrophe fand nicht statt. Der Bergsturz hatte allerdings genug Schäden angerichtet. Weite Teile des Tals waren meterhoch mit Schlammassen bedeckt. Sie begruben auf einige Kilometer Länge Wiesen und Felder der Bauern. Die Straße zwischen Sondrio und Bormio war mehrfach unterbrochen: Eine schmutzig-braune Schlammwüste war entstanden.

Im Veltlin-Tal wird es nie mehr so sein wie vor dem 28. Juli 1987. Der Bergsturz hat das Tal gründlich verändert. Eine Naturkatastrophe? Vielleicht.

Der Bergsturz selbst war nicht das Schlimmste – viel bedeutsamer ist, daß er die Lebensgrundlagen der Bevölkerung langfristig zerstört hat.

Solange es Gebirge gibt, gibt es Bergstürze, Schlammströme (MUREN) und reißende Wildwasser-Überschwemmungen. Solche Naturereignisse haben die Gebirgslandschaften gestaltet und geprägt.

Gerade die Tallandschaften, die vor Jahrhunderten oder Jahrtausenden von Naturkatastrophen heimgesucht worden sind, empfinden wir heute als besonders malerisch und reizvoll. Die berühmten Schweizerischen Orte Davos, Engelberg und Kandersteg mit dem tiefblauen Oechinensee unterhalb der Bluemlisalp verdanken ihren landschaftlichen Reiz vorzeitlichen Bergstürzen. Sicher ein schwacher Trost für die heute Betroffenen. Man muß mit solchen Naturereignissen immer rechnen. Italienische Geologen haben vorausgesagt, daß in den nächsten Jahrzehnten im Veltlin noch einige Berghänge abstürzen werden. Das kann schon morgen eintreffen oder erst in zwanzig oder dreißig Jahren, man weiß es nicht.

Die Zerstörungskräfte haben meist einen natürlichen Ursprung; aber oft genug werden sie auch durch die Menschen ausgelöst und in ihrer Wirkung beschleunigt und verstärkt.

Verwitterung und Abtragung sind die natürlichen Zerstörungskräfte. Die Geologen nennen das Zusammenspiel der Kräfte EROSION. Wörtlich bedeutet Erosion soviel wie „Ausnagung". Damit ist die Zerstörung und der Abtransport von Gesteinsmaterial und Bodenbestandteilen von höher gelegenen zu tiefer gelegenen Orten gemeint. Die Erosionskräfte erstreben eine Einebnung der Erdoberfläche. Alles, was sich über den Meeresspiegel erhebt, suchen diese Kräfte zu zerkleinern und aufzulösen. Sie befördern die Bestandteile meerwärts und lagern sie in Senken wie Binnenseen, Becken oder im Meer selbst ab. Der Erosionsprozeß formt und gestaltet über Jahrmillionen hinweg die Erdoberfläche, er formt alle Landschaften um. Das heißt aber nicht, daß die Erdoberfläche eines Tages eben sein wird wie ein Fußballfeld. Denn im Erdinnern herrschen immer noch Kräfte, die Gebirge neu entstehen lassen. Vulkane und Erdbeben sind Anzeichen dafür. Manche Berge erheben sich in wenigen Monaten oder Jahren, bei anderen Gebirgen kann man die stetige Hebung nur mit empfindlichen Meßgeräten nachweisen. Der Meeresboden kann zu einem Berg aufgefaltet werden. Und so brauchen wir uns nicht zu wundern, wenn wir auf den Gipfeln mancher Hochgebirge versteinerte Meerestiere finden!

Aus dem Wechselspiel zwischen den äußeren Kräften der Zerstörung, der Erosion, und den erdinneren Kräften des Aufbaus und der Hebung entsteht die Gestalt der Erdoberfläche. Die Gestalt ist nicht von Dauer.

Die Entstehung des Festlandes, sein Wandel und seine Zerstörung gehören zu einem großen Kreislauf. Ein Teil davon, nämlich die Kräfte der Zerstörung und Abtragung und ihre Wirkungen, soll in diesem Kapitel vorgestellt werden.

Schauplätze der Erosion

Verwitterung

Wer im Hochgebirge wandert, wird auf dem Bergweg ab und zu durch ein Schild „Gefahr! Steinschlag!" gewarnt. Auf solchen Wegen muß man besonders aufmerksam sein. Ringsum liegen dann meist kleinere und größere Gesteinsbrocken, die irgendwann vom Gipfel abgebrochen sein müssen. Das passiert oft unvermittelt. Besonders nach Gewitterregen ist mit vermehrtem Steinschlag zu rechnen. Dann werden oft größere Brocken in die Tiefe gerissen. Die kleineren Gesteinsbrocken säumen als „Hangschutt" den Fuß der Berghörner und der Steilhänge. In unserem Bild besteht der Fels fast ganz aus Granit, einem sehr harten Gestein. Dennoch zerkrümelt er mit der Zeit.

Welche Kräfte können dieses harte Gestein sprengen? Sehen wir uns so einen Felsbrocken einmal näher an. Wir sehen mehr oder weniger regelmäßige Risse. Man nennt sie KLÜFTE. Viele dieser Klüfte sind schon bei der Entstehung des Gesteins vorhanden. Als es bei der Gebirgsbildung an die Erdoberfläche gehoben wurde, platzte das Gestein durch die plötzliche Druckentlastung auf. Dabei entstanden feine Risse und Spalten; das Gestein nimmt eine bestimmte KLÜFTUNG an. Andere Risse entstehen durch extreme Temperaturschwankungen. Selbst in großen Höhen kann es in der vollen Sonne heiß werden, während die Temperatur in der Nacht auch im Sommer unter den Gefrierpunkt sinken kann. Der kurzfristige Wechsel zwischen heiß und kalt erzeugt Spannungen, die den Stein sprengen, Risse entstehen. Dadurch lockert sich langsam das Gesteinsgefüge. Die Temperaturschwankungen erzeugen besonders in Gesteinen mit unterschiedlichem groben Gefüge (dunkle und sehr helle Bestandteile nebeneinander mit verschiedenem Ausdehnungsverhalten) solche Risse. Steine mit einheitlichem Gefüge werden von den Temperaturschwankungen allein kaum angegriffen. In diesen Klüften arbeitet sich nun die Verwitterung vor. Mit der Verwitterung wird der Abtrag und die „Ausnagung", also die Erosion, vorbereitet. Sie ist die erste Station der Erosion.

Steinschlaggefährdeter Bergweg

Das Horn besteht fast ganz aus Granit – dennoch entsteht durch Verwitterung Hangschutt.

Die Risse in den Granitblöcken nennt man „Klüfte".

Dieser Schuttfächer entstand durch Unwetter.

Das Wort VERWITTERUNG ist stammverwandt mit „Wetter" (oder „Witterung"). Die verschiedenen Witterungen – kurz gesagt: das Klima – bewirken im Lauf der Zeit die Verwitterung. Der Wechsel von Sonne, Regen, Eis und Schnee und die Luft sind für die Zerstörung der Gesteine verantwortlich.

Es gibt zwei Arten der Verwitterung. Man unterscheidet die physikalisch-mechanische und die chemische Verwitterung. Die eindrucksvollste Wirkung der MECHANISCHEN VERWITTERUNG geht vom Eis aus.

Das Wasser dehnt sich aus, wenn es gefriert. Die gleiche Wassermenge braucht dann um 9 % mehr Raum. Aus 1 l oder 1000 cm³ Wasser werden 1090 cm³ Eis. Wenn das Wasser in einem abgeschlossenen Gefäß gefriert, übt es einen Druck bis zu 2200 bar auf die Gefäßwände aus. Das ist 1000mal mehr als der Luftdruck in einem PKW-Reifen. Diesem Druck kann kaum ein Material standhalten. Das Gefäß wird gesprengt. Gerissene Wasserrohre im Winter oder die Sprudelflasche, die man ins Tiefkühlfach legt und die platzt, wenn sie nicht rechtzeitig wieder herausgeholt wird, zeigen die Sprengwirkung des Eises.

Die Klüfte im Gestein reagieren wie abgeschlossene Gefäße. Bis in die feinsten Haarrisse dringt die Feuchtigkeit des Niederschlagswassers ein. Das Wasser, das in der noch offenen Kluft gefriert, bildet zunächst einen festen Eispfropf. Die Kluft ist nun abgeschlossen. Gefriert das Wasser weiter, so erweitert es mit gewaltiger Kraft den Spalt oder sprengt den Stein vollends auseinander. Besonders rasch wird ein Felsblock durch die Sprengkraft des Eises verwittert, wenn tagsüber die Temperaturen über dem Ge-

frierpunkt liegen und nachts darunter. Diese Temperaturwechsel um den Gefrierpunkt kommen im Hochgebirge auch im Sommer regelmäßig vor. Über Tag kann dann in die erweiterten Klüfte wieder Wasser nachsickern, das in der Nacht gefriert und den Spalt abermals erweitert.

Vom Bergstock wird so Gesteinsbrocken für Gesteinsbrocken abgesprengt. Diese Gesteinsbrocken sammeln sich am Fuß der Steilhänge als GESTEINSSCHUTT an.

Als zweites wirkt auf den Stein die CHEMISCHE VERWITTERUNG. Das Niederschlagswasser greift den Stein nicht nur im Wechsel von Frieren und Tauen an, es löst auch viele verschiedene Mineralien aus dem Stein heraus. Wasser ist eines der vielseitigsten Lösungsmittel. Es gibt nur wenige Materialien der Erdrinde, die dem Wasser über längere Zeit hinweg standhalten. Die Lösungsvorgänge leiten die chemische Verwitterung ein. So löst z.B. das kohlensäurehaltige Regenwasser Kalksteine auf. Es entstehen an der Oberfläche KARREN oder SCHRATTEN und weite unterirdische Höhlensysteme, die in allen Kalkgebirgen auftreten und dort die phantastisch anmutenden Tropfsteinhöhlen bilden.

Die Mehrzahl der Gesteine enthält eisenhaltige Verbindungen. Zusammen mit dem Niederschlagswasser oder der feuchten Luft rosten sie. Die Gesteine verlieren ihre graue oder grüne Farbe und verwandeln sich in das Rotbraun des Rostes. Eisenhaltige Gesteine verbinden sich dabei mit Sauerstoff. Sie oxidieren. Das oxidierte Gestein ist meist brüchiger als das Ausgangsgestein und kann daher auch leicht abgetragen werden.

Manchmal deutet schon der Name eines Bergstocks auf das sehr eisenhaltige Gestein hin. Die Namen „Rot Stock" oder „Rot Horn" tragen mehrere Berge in der Schweiz.

Das Wasser läßt nicht nur die Gesteine verwittern und brüchig werden, es baut auch neue Mineralien, oft als schöne Kristalle, wieder auf. Durch das Wasser und die chemische Reaktionen vergrößert sich das Volumen des Gesteins. Die Kristallbildung wirkt daher wie Frost: Sie sprengt das restliche Gestein.

Zu der mechanischen und chemischen Verwitterung tragen auch Pflanzen einen wesentlichen Teil bei. Flechten und einige Moose können sich sogar auf dem nackten Stein ansiedeln oder benötigen nur ganz wenig verwittertes Material. Ihnen reicht als Nährstoff angewehter Staub aus der Luft. Beim

Die Rostfarbe deutet auf eisenhaltiges Gestein hin.

Flechten bilden Säuren, die den Stein anlösen.

Wachsen dieser Pflanzen geschieht etwas Merkwürdiges: Sie scheiden Säuren aus, die den Stein anlösen. Dabei werden weitere Nährstoffe frei, und der Stein wird dadurch immer lockerer und zerfurchter. In den Rissen und Spalten siedeln sich weitere Pflanzen an.

Im Gebirge treffen wir oftmals „Steinbrechgewächse" an. Man sagt ihnen nach, ihre Wurzeln würden die Felsen regelrecht zersprengen. Dies trifft für die Steinbrecharten so viel oder wenig zu wie für alle Kräuter, die sich in solchen Rissen ansiedeln: Eine besondere „Steinbrechkraft" wurde für Steinbrechgewächse nicht nachgewiesen. Allerdings tragen alle Pflanzen durch ihre Wurzeltätigkeit oder nach ihrem Absterben durch Huminsäuren zur chemischen Verwitterung maßgeblich bei. Gelingt es einem größeren Strauch oder gar einem Baum, in den Spalten Fuß zu fassen, so erweitern seine Wurzeln ganz sicher die Spalten. Das Wurzelwachstum unterstützt die mechanische Verwitterung.

Chemische Umbildungen und mechanische Kräfte lassen also mit der Zeit jeden Stein verwittern, sobald er dem Angriff der Atmosphäre ausgesetzt ist. Die Vegetation beschleunigt die Verwitterung. Das Ergebnis der Verwitterung hängt von zwei Faktoren ab: von dem Klima, das auf das Gestein einwirkt, und von dessen chemischem Aufbau. In trockenen Gebieten hält sich der Kalkstein sehr gut, während er sich in feuchten Gebieten bald auflöst. Der Granit setzt sich in einem warmgemäßigten Klima mit der Zeit in rost-

farbigen Lehm oder sandigen Ton um. Unter dem Einfluß des Wüstenklimas wird er zu Sandkörnern zerrieben. Das gleiche Gestein liefert so völlig verschiedene Verwitterungsergebnisse, wenn es verschiedenen Klimabedingungen unterworfen ist. Die Frage der Verwitterungsbeständigkeit eines Gesteins muß also immer unter Berücksichtigung des Klimas beantwortet werden.

Erosion durch fließendes Wasser

In jeder Sekunde schwemmen die Flüsse der Erde 650 bis 900 Tonnen zerriebenes Gesteinsmaterial in die Weltmeere. In einem Jahr sind das 20 bis 30 Milliarden Tonnen oder etwa 10 km³ Feststoffe, die sich in den Meeren ablagern. Hier ist die vorläufige Endstation des erodierten Verwitterungsmaterials aller Gebirge der Erde; im weiteren Verlauf der Erdgeschichte verdichtet es sich jedoch wieder zu Gesteinen und kann eines Tages durch die erdinneren Kräfte zu neuen Gebirgen aufgefaltet werden.

Nicht nur in den Meeren lagert das fließende Wasser den Gebirgsabtrag ab. Jeder See und jede Senke, die der Fluß durchfließt, füllten sich mit der Zeit mit Gesteinsmaterial auf.

Wasserschliff: Das Wasser schmirgelt den einst kantigen Fels rund. Hier hat er die Form der Wellen angenommen.

Wo ein Fluß in einen See mündet, läßt sich das Fortschreiten der Seeverlandung relativ einfach vermessen. Hier kann der Gebirgsabtrag innerhalb des Wassereinzugsgebietes eines Flußsystems erfaßt werden, z.B. im Bodensee für das Flußsystem des Rheins und im Genfer See für das der Rhone. Für den Bodensee hat man ausgerechnet, daß er in 15 000 bis 20 000 Jahren verlandet sein wird, wenn der Verlandungsprozeß weiterhin fortschreitet. Im Wassereinzugsgebiet des Rheins nimmt die Höhe des Gebirges 0,5 mm pro Jahr ab; der Durchschnittswert für das gesamte Alpengebiet ist etwas geringer. Ein halber Millimeter im Jahr ist nicht viel. Aber der Höhenabtrag ist eine Durchschnittszahl, bezogen auf alle Gebirgsgipfel. Würde man die Massen aller niedergehenden Bergstürze, Steinlawinen und Hangrutsche und das Flußgeschiebe wieder gleichmäßig auf alle

nügend Wasser fließt, werden die Gesteinsbrocken anfangs geschoben (GESCHIEBE). Der Bachuntergrund, die anderen Steine, der Sand und der Schlamm schleifen und polieren die Ecken und Kanten ab. Das Geschiebe wird zum GERÖLL. Granitgerölle verlieren schon nach 100 km Wegstrecke die Hälfte ihres Volumens, nach 300 km sind sie völlig zerrieben. Kalksteine sind schon nach 85 km und Sandsteine gar nach 15 km zu Sandkörnern zerkleinert. Flußabwärts vermindert sich die Größe des Geröils, die Anzahl der Gesteinsteile nimmt aber zu: Das Aussehen des Materials, seine Größe und Rundung sind ein Maßstab für die Widerstandsfähigkeit des Geröils und die zurückgelegte Wegstrecke.

Im Bach oder Fluß kann man wohl die Spuren der Abtragung sehen, aber die Abtragungsprozesse scheinen so langsam und so wenig spektakulär abzulau-

Geschiebe eines Baches wird zu Geröll zermahlen.

Dieses Delta aus zermahlenem Geschiebe bildete sich nach Unwettern innerhalb von zwei Wochen.

Gipfel verteilen können, so wären sie nicht der Rede wert. Der Abtrag durch das fließende Wasser konzentriert sich jedoch auf das Bach- und Flußbett selbst, bis hinauf zu den Quellen und auf die engere Umgebung des Wassereinzugsgebietes. Nur eine verhältnismäßig kleine Fläche wird also durch das fließende Wasser erodiert. Daher wird die Erosionswirkung auch in kurzer Zeit sichtbar. Je größer die Wassermenge und je steiler das Gefälle ist, desto stärker ist seine Erosionswirkung. Die mitgeführten Gesteinsmassen leisten dabei den Hauptteil der Arbeit. Dieses GESCHIEBE und GERÖLLE hobelt und schmirgelt das Bachbett regelrecht aus und wird dabei selbst zerrieben. Als kantige Gesteinsbrocken fällt es vom Hang in das Bachbett. Wenn im Bach ge-

fen, daß man kaum an die zerstörerische Kraft des Wassers glauben mag. Selbst donnernde Wasserfälle scheinen für die Ewigkeit bestimmt zu sein. Nach Menschenmaß verändert sich nichts, doch die engen Kerbtäler beweisen die Abtragskraft des Wassers. Ganz anders ist es jedoch nach heftigen Regenfällen. Ein kleines Rinnsal kann zu einem reißenden Strom werden und ungeheure Schuttmassen in Bewegung bringen. Die Wildbäche im Gebirge vermögen in kurzer Zeit große Geschiebemengen zu verfrachten. Sie bilden SCHUTTKEGEL in FÄCHERFORM. Der Fächer breitet sich im nächstniedrigen Tal aus. Sein unterer Rand wird sofort von dem größeren Fluß mitgerissen, der schon von seinem Quellgebiet vermehrte Geschiebemengen in Bewegung gesetzt hat. Es bildet sich nach und nach ein Schlamm-Wasserstrom. Wenn das Flußbett die Wassermassen nicht mehr fassen kann und überfläuft, vermindert sich die Fließgeschwindigkeit über den überschwemmten Flächen. Die Folge davon ist, daß zunächst die größeren Gerölle abgelagert werden. Geht dann das Hochwasser zurück, werden auch kleinere Teile bis zum feinen Schlamm abgelagert. Zurück bleibt eine schmutzig-braune Wüstenei; so z.B. in vielen Alpentälern nach den Unwettern im Sommer 1987.

Schlammassen haben eine Berghütte verschüttet.

Erosion durch das Eis

So wie das fließende Wasser typische Erosionsspuren hinterläßt, formt auch ein Gletscher die Landschaft in seiner Weise. Seine Erosionsarbeit kann man vergleichen mit der Wirkung von Hobel, Raspel und Feile.

Das Gletschereis wird unter Druck seiner eigenen Mächtigkeit „plastisch". Es wird weich wie ein dicker Brei und beginnt talwärts zu fließen. Es gleitet auf einem Wasserfilm, weil das Eis unter dem hohen Druck Wasser freigibt. Das Wasser wirkt wie ein Schmiermittel.

Die fließende zähe Eismasse hobelt zunächst die gelockerten Gesteine vom Gletschergrund ab. Dann wird das feste Material des Untergrundes von den mitgeführten Gesteinen wie mit einer Pflugschar aufgerissen, zerfurcht und gelockert. Das jetzt gelockerte Material nimmt die nachfolgende Eismasse wiederum auf und reißt ihrerseits neues, festes Material auf. So wird Schicht für Schicht vom Untergrund abgehobelt und abtransportiert. Das vordere Gletscherende, die GLETSCHERZUNGE, schiebt das Gestein wie ein riesiger Bulldozer vor sich her, wenn der Eisnachschub größer ist als der Eisverlust durch Abschmelzen.

Das Schmelzwasser verläßt den Gletscher durch das GLETSCHERTOR und bildet meist einen wasserreichen Wildbach.

Falls mehr Eis abschmilzt als vom NÄHRGEBIET nachfließt, zieht sich der Gletscher zurück und läßt das Geschiebe als ENDMORÄNE liegen.

Durch Frostsprengung fällt von den Hangwänden immer wieder verwittertes Gestein, das das Gletschereis auf seinem Rücken als sog. Seitenmoräne ebenfalls talwärts trägt. Die aus Hangschutt bestehende SEITENMORÄNE raspelt die Seitenwände des Tales ab, so daß das Gletschertal verbreitert wird. Die Hänge der umliegenden Berggipfel werden immer steiler, fast senkrecht, was das Rutschen des Hanges weiter verstärkt.

Durch das flache Aushobeln des Talbodens und das Abraspeln der Seitenwände wird das Gletschertal U-förmig ausgeformt, während ein Wildbach sich V-förmig in den Untergrund eingräbt.

Die Erosionskraft des Gletschereises wird erst richtig sichtbar, wenn es wärmer wird und der Gletscher sich in höhere Regionen zurückzieht oder ganz abschmilzt. Zurück bleibt ein breites U-förmiges Tal mit schroffen, zerfurchten Steilwänden. Der Talboden ist übersät mit kantengerundeten GESCHIEBEN, die der zurückgehende Gletscher liegen gelassen hat. Dieses Geschiebe wird nach und nach vom Gletscherbach zu Tal befördert.

Wie ein Bulldozer schiebt der Gletscher das Geschiebe vor sich her.

Die Form der Gletschergeschiebe unterscheidet sich wesentlich von der Form des Flußgeschiebes. Das Gletschergeschiebe erkennt man an unregelmäßigen Rundungen, fast wie bei einem schlechten Facettenschliff, während das Geschiebe und Gerölle des fließenden Wassers weiche, gleichmäßige Rundungen aufweist.

Ein Gletscher: Das Schmelzwasser fließt durch das „Gletschertor" und bildet einen reißenden Bach. Gletschergeschiebe erkennt man an unregelmäßigen Rundungen und gebrochenen Kanten.

Windschliff läßt bizarre Formen entstehen.

Erosion durch den Wind

Wohl jede Reisebeschreibung eines Wüstengebiets spricht ein besonderes Problem an, mit welchem die Reiseteilnehmer zu kämpfen haben. Man beklagt sich über den staubfeinen Sand in allen Ausrüstungsgegenständen, in den Kleidern und selbst im Essen. Der leiseste Wind wirbelt über dem Wüstenboden den Staub auf und transportiert ihn über weite Strekken. Es ist gar nicht so selten, daß ein Südwind Saharastaub über das Mittelmeer zu uns und sogar bis nach Schweden bläst, also über 4000 km weit.

Die Erosion durch den Wind wird als DEFLATION bezeichnet. Sie ist die Hauptabtragungskraft in extrem trockenen Klimazonen. Weil dort eine schützende Pflanzendecke weitgehend fehlt, kann der Wind das lockere Verwitterungsmaterial ungehindert angreifen. Bei der Deflation wirken zwei unterschiedliche Vorgänge, die sozusagen „Hand in Hand" zusammenarbeiten. Der erste Vorgang heißt ABLATION, was „wegtragen" bedeutet. Damit ist der Transport von Staub- und Gesteinsteilchen durch den Wind gemeint. Ein leichter Zug (Windstärke 1) wirbelt schon feine Staubteilchen auf. In der Wüste wehen oft stetige Winde mit Geschwindigkeiten von etwa 6 m in der

Sekunde (Windstärke 4). Diese Winde transportieren Sandkörner bis zu 0,3 mm Durchmesser. Der Wüstenboden wird deshalb richtig blankgeblasen. Das erklärt auch, warum die meisten vegetationslosen Wüstengebiete nicht aus Sand, sondern aus Schotter oder aus nacktem Felsgrund bestehen, der manchmal wie ein Waschbrett ausgeschliffen ist. Der Wüstensand sammelt sich in großräumigen Becken an und bildet große Sandseen, ERGS genannt. Wüstenstürme bewegen Schotterstücke bis zu einem Gewicht von 1 kg. Diese rasen wie Geschosse über den Wüstenboden und türmen sich zu Schotterdünen auf.

Die mit Sand und bei Stürmen mit Schotter beladene Luft löst den zweiten Vorgang der Winderosion aus, nämlich die KORRASION. Das bedeutet „zusammenkratzen". Dabei prasseln die Gesteinsteilchen wie bei einem Sandstrahlgebläse auf festes Gestein, das zu den sonderbarsten Skulpturen ausgeschliffen und geformt wird. Es werden Hohlkehlen ausgearbeitet und sogenannte Windtische und Pilsfelsen modelliert. Manche Felsen sind so fein poliert, als wären sie mit einem Lack überzogen.

Früher hatte die Winderosion in Europa nur während der Eiszeit größere Bedeutung. Dort, wo das Land keine Gletscher trug, herrschte eine trockene Kältewüste vor, deren Gestalt von Staubwinden geprägt wurde. Die europäischen Lößgebiete sind damals entstanden.

Heute wirkt die Kraft der Winderosion in Europa immer stärker, weil nicht mehr Wälder, sondern nackte Ackerböden das Landschaftsbild prägen. Und die Bodenerosion durch den Wind bewirkt hauptsächlich, daß die landwirtschaftlichen Anbauflächen in aller Welt verwüsten.

Nackter Felsgrund wird wie ein Waschbrett ausgeschliffen.

Die Entstehung der Böden

Für die Vergänglichkeit der Steine und des Felsens, für die Abtragung der Gebirge und die Umformung der Landschaft wurden im vorigen Abschnitt die „Kräfte der Zerstörung" verantwortlich gemacht. Es stimmt, die Verwitterung zerstört das Gestein, und die Erosion verlagert das Verwitterungsmaterial in Senken bis hin zum Meer. Doch zwischen den beiden Extremen, der Entstehung der Steine und der Gebirge einerseits und der völligen Abtragung und Versenkung in den Ozeanen andererseits, liegt der lebenswichtige Prozeß der Bodenbildung.

Die Bodenbildung dauert ein paar Tausend Jahre, und die Bodenzerstörung dauert manchmal nur Minuten.

Die gleichen Kräfte, die die Gesteine verwittern und abtragen, bilden den Boden und zerstören ihn wieder. Wir sprechen von Boden, wenn Verwitterungsmaterial hauptsächlich durch Pflanzen und Tiere verändert wird.

Manche Pflanzen unterstützen den Verwitterungsprozeß, wie z.B. einige Flechten und Moose. Wo sie auf nacktem Gestein wachsen, bildet sich streng genommen schon Boden. Gelingt es, die Flechten und flache Moose vom Stein loszulösen, kann man manchmal eine hauchfeine, schwarze Schicht entdecken, die von einzelnen Mineralkörnern durchsetzt ist. Die Mineralkörner stammen meist vom verwitterten Gestein. Die feine schwarze Schicht besteht aus HUMUS. Das ist ein Sammelbegriff für ein Gemisch aus organischen Resten, z.B. abgestorbene Pflanzenteile (s. Kapitel „Wald"). Die für die Bodenbildung wichtigen chemischen Reaktionen werden von Bestandteilen des Humus, den sogenannten „Huminstoffen", eingeleitet. Als HUMINSTOFFE bezeichnet man eine Reihe von verschiedenen organischen Säuren und deren Salze, die sich beim Abbau abgestorbener Pflanzen oder durch die Verwesung von Tieren durch „Zersetzer" (Reduzenten) wie z.B. Bakterien gebildet haben. Die verschiedenen Huminstoffe reagieren nun mit den Mineralien des Gesteins oder des Verwitterungsmaterials. Dabei bilden sich neue Substanzen, welche die lebenswichtigen Pflanzennährstoffe bereitstellen.

Doch zurück zu den Pflanzen. Wenn es schon den Moosen und Flechten auf dem nackten Stein gelingt, unter schwierigsten Bedingungen Boden zu bilden, wie müssen dann erst Pflanzen bodenbildend wirken, die sich auf einer dicken Verwitterungsschicht ansiedeln! Im Gebirge beherbergt zum Beispiel das frische Geschiebe eines Schuttfächers zunächst kaum Lebewesen. Es dauert aber nicht lange, und der Wind weht Pflanzensamen, Pilzsporen sowie Sporen und Kapseln von einzelligen „Urtierchen" an. Einigen auskeimenden Pflanzen genügen die winzigen Nährstoffmengen, die auch schon der Gesteinsschutt bereitstellt (s. Kapitel „Wald").

Die Erstansiedler auf den rohen Gesteinsschuttflächen heißen PIONIERPFLANZEN. Neben einer Reihe von anspruchslosen Kräutern sind es auf den Schuttfächern und Geröllhalden die Alpenerlen, die zu Sträuchern von ein bis zwei Metern Höhe heranwachsen. Im Wurzelsystem der Alpenerlen leben bestimmte Spaltpilze (Bakterien), die den Stickstoff der Luft binden können und diesen den Erlen zu ihrem Aufbau zur Verfügung stellen. Dafür erhalten die Bakterien ihre Nährstoffe durch die Photosynthese der Erle. Erle und Bakterien leben zusammen und nutzen einander. Durch diese sog. SYMBIOSE zwischen Erle und Bakterie wird der Strauch unabhängig von dem mageren Rohboden, weil ein Hauptnährstoff, der Stickstoff, von den Bakterien erschlossen wird. Daher kann die Alpenerle auch auf dem Schuttfächer gut gedeihen.

Ihre Blätter fallen im Herbst zur Erde und bilden zusammen mit den Überresten der anderen Pionierpflanzen eine dünne Streuschicht. Sie wird durch die schon vorhandenen Kleinlebewesen mit dem Verwitterungsmaterial vermischt, dann zersetzt und wieder

PROZESS DER BODENBILDUNG

① Risse und Spalten lockern das Gestein.

② Regen und Frost zermürben dessen Oberfläche. Moose und Flechten siedeln sich an.

③ Unter einer dünnen Pflanzendecke entsteht die Humusschicht.

④ Durch Verwitterung und Einwirkung der Pflanzen zerfällt das Gestein mehr und mehr zu „Boden" (= „Erde").

⑤ Bäume finden Halt; deren Wurzeln lockern das Gestein tiefer.

⑥ Abgestorbene Bäume und Pflanzen werden – zersetzt zu Humus – zum Nährboden für neue Pflanzen.

zu Mineralstoffen und den schon erwähnten Huminstoffen abgebaut. Es bildet sich also eine ganz dünne, belebte Bodenschicht auf dem Gesteinsschutt. Die Huminstoffe gehen mit den Bodenteilchen – meistens ist es das Verwitterungsprodukt Ton – relativ stabile Verbindungen ein. Die Verbindungen heißen Ton-Humus-Komplexe. Je mehr Ton-Humus-Komplexe gebildet werden, desto mehr Bodenkrümel werden aufgebaut, welche die Nährsalze im Boden binden und für neues Pflanzenwachstum bereitstehen.

Moose gehören zu den Pionierpflanzen.

Wenn also die Pionierpflanzen nach und nach einen Schuttkegel erobert haben, bereiten sie langsam zusammen mit den Bodenlebewesen und den Mineralien eine dünne Bodenschicht mit einer Krümelstruktur, die genügend Nährstoffe enthält, um anspruchsvollere Pflanzenarten zu versorgen. Langsam kommt ein natürliches Wechselspiel in Gang:

● Je mehr Pflanzen sich ansiedeln können, desto mehr organisches Material als Streu und Humus fällt an.
● Je mehr organisches Material anfällt, desto vielfältiger und zahlreicher werden die Bodenlebewesen.
● Je mehr Bodenlebewesen am Abbau beteiligt sind, desto mehr Ton-Humus-Komplexe werden gebildet.
● Je mehr Ton-Humus-Komplexe gebildet werden, desto mehr Mineralstoffe aus dem Verwitterungsgestein können erschlossen werden und desto dicker wird die „lebende" Bodenschicht.

Wenn der Boden durch eine Vegetationsdecke geschützt bleibt, entsteht in mehreren tausend Jahren fruchtbares Land.

Nach und nach bilden sich verschiedene Schichten heraus: Oberboden, Unterboden und der Untergrund. Sie bilden zusammen das PROFIL des Bodens. Die einzelnen Schichten werden HORIZONTE genannt:

L-Horizont: Streuschicht aus unzersetzten Pflanzenteilen wie Laub, Moos- und Grasreste, Holzteile.

O-Horizont: Organische Auflageschicht. Sie bietet Lebensraum für viele Tiere. Organischer Abbau, Eintrag in den Oberboden.

A-Horizont: Oberboden. Organische Substanz wird mit den mineralischen Bestandteilen des Bodens vermischt. Weiterer Abbau der organischen Substanz durch Pilze und Bakterien. Regenwurmaktivität. Ton-Humus-Verbindungen entstehen.

B-Horizont: Verwittertes Gestein, der Humusgehalt nimmt nach unten rasch ab. Nur noch spärliches Bodenleben.

C-Horizont: Ausgangsgestein, aus dem die oberen Schichten entstehen.

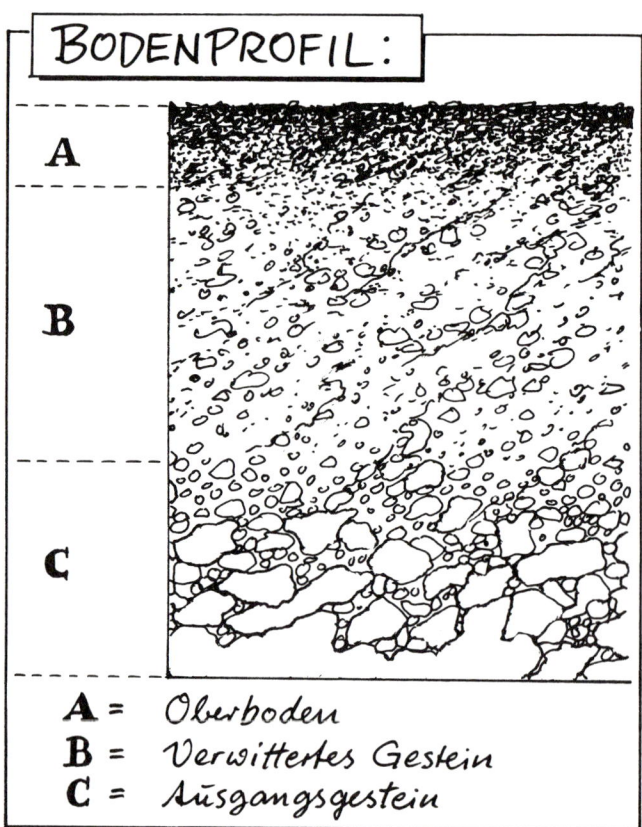

Bei diesem Profil erkennt man deutlich die unterschiedlichen Gesteins- und Bodenschichten.

Das Bodenprofil kennzeichnet den BODENTYP, wie er aus dem Wechselspiel der bodenbildenden Faktoren entstanden ist. Von Bedeutung sind:

● das Ausgangsgestein, aus dem sich der Boden entwickelt; es bestimmt gleichzeitig die Bodenart (Kalkstein, Basalt, Sandstein, Flugsand usw.),

● das Klima, in dem der Boden gebildet wird,
● die Vegetation, die das organische Material liefert oder den entstehenden Boden durch Wurzelsprengung tiefer erschließt. Die Vegetation ist ihrerseits wiederum abhängig vom Klima genauso wie
● das Wasser, das als Niederschlags-, Hangabfluß- oder Grundwasser auf den Boden einwirkt,

45

- die Oberflächengestalt der Landschaft (Ebene, Berghang, Senke usw.). Sie hat Einfluß auf die Wasserführung und bestimmt das Kleinklima, wie zum Beispiel Südhang oder Nordhang,
- die Zeit, welche der Bodentyp unter dem Einfluß der anderen Faktoren zu seiner Entwicklung hatte.

In unserem Beispiel entstand der Boden aus Geschieben und Geröllen, die sich aus verwitterten Graniten, Gneisen und Kieselgesteinen zusammensetzen. Das ist das Ausgangsgestein oder der Untergrund. Je nach geologischem Gebirgsaufbau hätten es auch Kalk-, Silikatgesteine oder noch andere Gesteinsarten sein können. Der Untergrund erhält das Horizontsymbol C und bestimmt die Bodenart: Granit- Gneisgeröll oder Dolomitgeröll. Dolomit entsteht aus Kalkstein. Aus diesem Gerölluntergrund entwickelt sich unter dem Einfluß des Gebirgsklimas und der Alpenflora innerhalb weniger Jahre zunächst der Bodentyp GESTEINSROHBODEN. Dieser Bodentyp hat nur einen dünnen humushaltigen Oberboden (Horizontsymbol A). Der Unterboden (Horizontsymbol B) ist beim Gesteinsrohboden noch nicht entwickelt. Man spricht jetzt von einem (A)-C Boden. Das eingeklammerte A deutet an, daß auch der Oberboden nur schwach entwickelt ist. Dennoch kann der Boden schon eine geschlossene Pflanzendecke tragen.

Über diese Stufe der Bodenentwicklung wird es am Schuttfächer eines Gebirgswildbaches kaum hinausgehen. Die Zeit zwischen Wildbachausbrüchen nach Unwettern ist zu kurz, um entwickeltere Böden zuzulassen. Bei jedem Wildbachausbruch reißt das fließende Wasser den dünnen Oberboden mit sich fort oder überdeckt ihn mit neuem Geröll. Der Prozeß der Bodenbildung muß dann von vorne beginnen.

In den Niederungen hingegen würde sich der Gesteinsrohboden unter dem Einfluß des mitteleuropäischen Klimas und einer Waldvegetation zu einer tiefgründigen BRAUNERDE entwickeln mit ausgeprägten A-B-C-Horizonten.

Die Braunerde setzt zu ihrer Entwicklung ein feuchtgemäßigtes Laubwaldklima und eine Laubwalddecke voraus. Sie ist der am häufigsten vorkommende Bodentyp in Mitteleuropa. Man wird die Braunerde überall dort erwarten können, wo das Bodenrelief verhältnismäßig flach verläuft oder an sanften Hügeln. Der ehedem fast überall vorhandene Laubmischwald hat den nacheiszeitlichen Gesteinsrohboden über Jahrtausende erschlossen und umgebildet.

BODENTYPEN z.B.:

① Braunerde   ② Gesteinsboden

z.B. unter Laub- oder Mischwald. Dicke Humusschicht.

Wenig Bewuchs. Dünne Bodenschicht.

Hierbei durchläuft der Boden Veränderungen und Entwicklungen, bis sich eine Art Gleichgewicht in den obersten Bodenschichten einstellt, in denen sich Bodenneubildung und Bodenabbau durch physikalische, chemische und vor allem biologische Prozesse die Waage halten. Dieses Gleichgewicht kann sich über lange Zeit nur erhalten, wenn auch der Wald mit seinem perfekten Stoffrecycling erhalten bleibt.

Was haben die Menschen mit der Erosion zu tun?

Die riesigen Urwälder Mitteleuropas, von denen noch der römische Schriftsteller Cornelius Tacitus vor etwa 1900 Jahren in seiner „Germania" (De origine et situ Germanorum) berichtet, existieren heute nicht mehr. Denn unsere Vorfahren haben die großen Waldflächen im Laufe der Zeit gerodet, um Ackerflächen, Wiesen und Weiden zu gewinnen. Und man brauchte auch Raum für Dörfer, Städte und Straßen, für die wir heute immer noch viel zu großzügig Wälder abholzen.

Diese riesigen Rodungen brachten den natürlichen Boden aus dem Gleichgewicht. Denn seine Vegetationsdecke wurde im wörtlichen Sinne „schlagartig" verändert: Statt der Wälder trug der Boden von nun an Getreide, Kraut und Rüben. Und die Ackererzeugnisse wurden und werden gegessen oder ans Vieh verfüttert. Das meiste organische Material bleibt also nicht –wie im Wald– zum Verrotten an Ort und Stelle, sondern wird weggeführt. Hinzu kommt, daß die Bodenbearbeitung durch Pflug und Egge das natürliche Bodenprofil verändert. Aber das muß für den Boden kein Nachteil sein. Wenn nämlich der Bauer bei der Bestellung seiner Äcker einen natürlichen Stoffkreislauf aufrecht erhalten kann, entwickelt sich der ehemalige Waldboden zu einem Kulturboden weiter. Er bleibt fruchtbar und kann sich sogar verbessern, wenn die Bodenverluste und die damit verbundenen Verluste an Nährstoffen wiederum durch unterschiedliches organisches Material ersetzt werden. Es stellt sich mit der Zeit wieder ein neues Gleichgewicht ein. Aber Kulturpflanzen und alle Kulturmaßnahmen müssen mit dem jeweiligen Standortklima und dem vorhandenen Boden abgestimmt sein. Das setzt voraus, daß jeder Landwirt seinen Boden genau kennen und bestrebt sein muß, den Boden vor Störungen seines physikalischen, chemischen und biologischen Gleichgewichts zu bewahren.

Leider scheint es aber nur in Ausnahmefällen zu gelingen, die natürlichen Stoffkreisläufe – wie sie z.B. bei der Waldvegetation ablaufen – auch auf landwirtschaftlichen Flächen mehr oder weniger perfekt nachzuahmen. Die Regel ist vielmehr, daß die meisten Äcker monatelang nicht durch eine Vegetationsdecke oder durch eine dicke Streudecke geschützt werden. Der wichtigste bodenbildende Faktor fehlt also. Wind und Wetter können den Boden ungehindert angreifen und die obersten – fruchtbaren – Bodenschichten abspülen oder wegblasen. Eine vermehrte Mineraldüngergabe kann den Nährstoffverlust durch Erosion langfristig kaum ausgleichen; außerdem handelt man sich durch die modernen Landwirtschaftsmethoden eine Reihe weiterer Probleme ein (s. Kapitel „Landwirtschaft"), die den Boden und das Grundwasser belasten und oft genug verderben.

Es ist bis heute kein Verfahren bekannt, einen Boden neu herzustellen oder einen verdorbenen Boden wieder aufzubereiten. Solange ein unfruchtbar gewordener Boden nicht gerade durch schwer abbaubare giftige oder radioaktive Substanzen verseucht worden ist, kann er sich im Laufe der Zeit wieder erholen. Es dauert aber 100 bis 300 Jahre, bis in unserem Klima eine Humusschicht von 1 cm Dicke entsteht. Und 30 bis 40 cm dick sollte die fruchtbare Schicht des Akkerbodens schon sein . . .

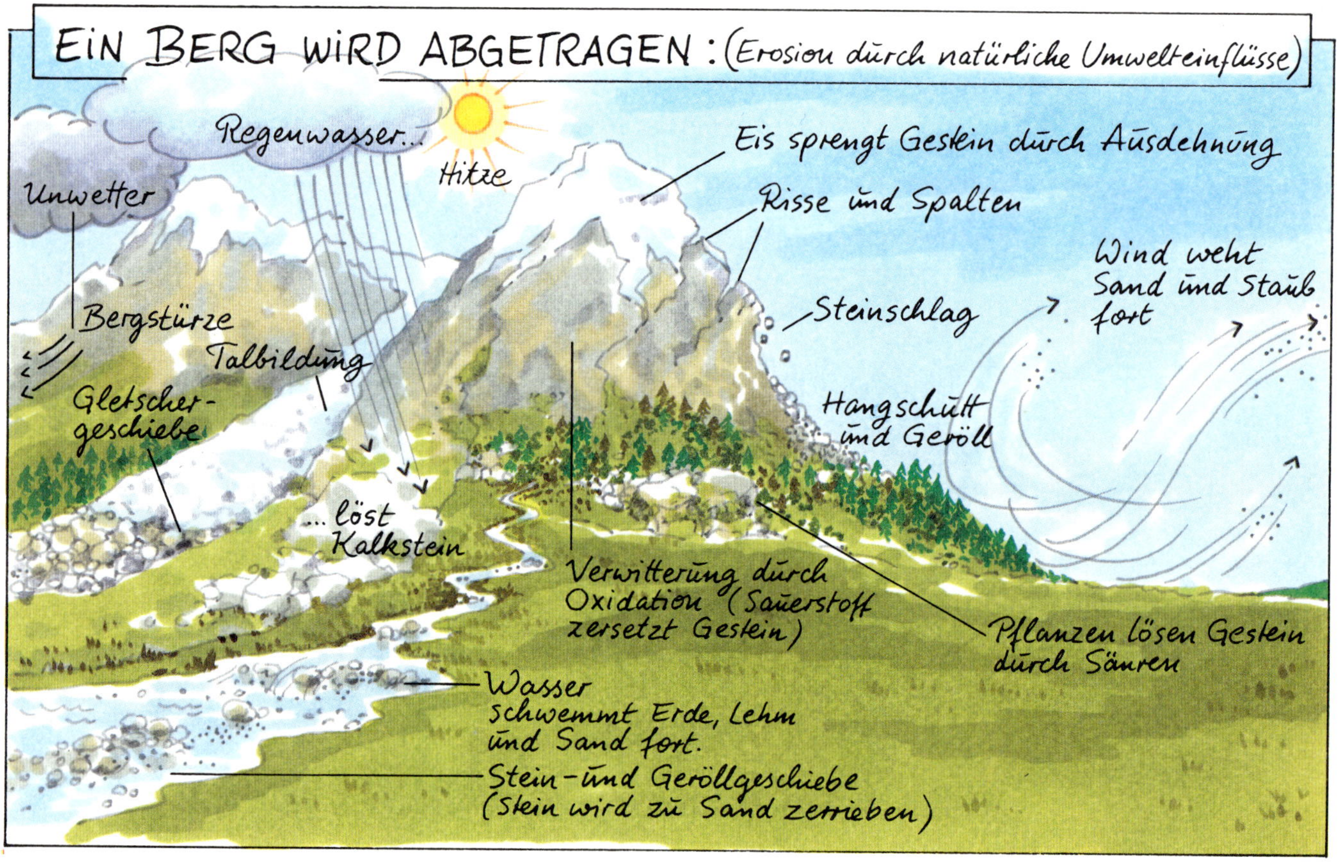

EIN BERG WIRD ABGETRAGEN: (Erosion durch natürliche Umwelteinflüsse)

Regenwasser...

Hitze

Unwetter

Eis sprengt Gestein durch Ausdehnung

Risse und Spalten

Bergstürze

Talbildung

Steinschlag

Wind weht Sand und Staub fort

Gletschergeschiebe

...löst Kalkstein

Hangschutt und Geröll

Verwitterung durch Oxidation (Sauerstoff zersetzt Gestein)

Pflanzen lösen Gestein durch Säuren

Wasser schwemmt Erde, Lehm und Sand fort.

Stein- und Geröllgeschiebe (Stein wird zu Sand zerrieben)

BODENEROSION DURCH UNNATÜRLICHE EINFLÜSSE

Wintersport

Kahlschläge

Flächenversiegelung

Rodungen

Landwirtschaft: Hecken und Gehölz werden beseitigt

Überweidung und Verwundung durch Viehtritt

Bodenverdichtung durch schweres Gerät

Straßenbau

Bodenerosion

Noch vor ein paar Jahrzehnten konnte man in verschiedenen Alpentälern Tirols oder im schweizerischen Wallis kleine und kleinste Äckerchen sehen, die knapp unterhalb der Felsregion wie ein bunter Flickenteppich an die steilen Talflanken geheftet schienen. Kein Weg führte zu den Bergäckerchen hinauf, auf dem man ein Ochsengespann mit einem Pflug hätte treiben können. Dazu waren die Talflanken zu steil und zu gefährlich und die Äcker zu winzig, um den Pflug zu führen und zu wenden. Dennoch waren diese Flecken wohl bestellt und trugen in 1300 m bis 1700 m Höhe je nach Lage Weizen oder Gerste. Der aufmerksame Wanderer konnte sich eine Vorstellung machen von der Härte und der Gefährlichkeit der Arbeit der Bergbauernfamilien, die auch die geringsten Anbaumöglichkeiten nutzen mußten, um dem Boden ihr tägliches Brot abzuringen.

Mit einer „Haue" (eine Art Hacke) hackten sie den Boden auf den 25° bis 40° (46 % - 84 % Steigung) steilen Hängen von unten nach oben auf, wobei sie die Haureihen schräg zum Hang führten. Der bearbeitete Boden erhielt so ein Fischgrätmuster. Immer wieder wurden quer zum Hang Bretter in den Boden gesteckt, die die aufgebrochene Erde daran hindern sollten, talwärts zu rutschen. Was die Bretter an Erde aufgefangen hatten, trugen die Leute wieder mühsam zur Hangkrone, damit kein Krümel der kostbaren Erde verloren ging. Dannach wurde das Getreide nicht gesät, sondern „gesetzt". Diese schwere Arbeit machten meist die Frauen. Auf Knien rutschend und immer darauf achtend, nicht abzustürzen, hielten sie in der einen Hand ein besonders geformtes Setzholz (Stipfl), in der anderen ein paar Saatkörner, die sie behutsam in die Setzlöcher legten. Mit einem Rechen zog die Bäuerin Erde bergauf in die Löcher und bedeckte die Saat.

Die mühsame, arbeitsintensive Art des Ackerbaus hatte ihren Sinn: Selbst dort, wo der Bergacker nicht so steil und klein war und ein Pflug hätte benutzt werden können, wurde mit der Haue gearbeitet; denn die Bodenschicht war über dem gewachsenen Fels so dünn, daß die Pflugschar den Boden bis auf den Felsgrund weggeschabt hätte. Der Pflug versetzte auch jedesmal die Scholle, die dann Furche um Furche talwärts gewandert wäre. Die schrägen Haureihen dagegen, die zusätzlich noch bergwärts geschlagen wurden, und die horizontalen Schutzbretter verhinderten den Verlust an Boden.

Nachdem der Acker überlegt und schonend bearbeitet wurde, mußte er vor Wasser und Wind geschützt werden.

Das geschah durch das Getreidesetzen. Das tiefliegende Saatgut keimte rasch und ungestört, weil austrocknende Winde und die harten Sonnenstrahlen die Keimlinge nicht erreichen konnten. Die Keimlinge entwickelten sich sehr schnell und gingen in ganzen Büscheln auf. Sie bildeten starke Wurzelstöcke, die kräftige Halme hervorbrachten. Zusätzlich entwickelten die Wurzelstöcke Seitentriebe, die sich mit den Nachbartrieben vernetzten und so das Erdreich festhalten konnten. Trotz der steilen Lage und ungünstiger Bodenverhältnisse war der Boden davor geschützt, abgeschwemmt und weggeblasen zu werden.

Dem Schutz des Bodens vor Erosion galt die ganze Aufmerksamkeit der Bergbauern. Der Boden war für sie und ihre Familien die alleinige Lebensgrundlage: Sie ernährten sich von dem, was er hervorbrachte. Der Verlust des Bodens hätte für die Familien Hunger und große Not bedeutet. Der Boden im Gebirge war so kostbar, daß er eine Bauernkultur hervorbrachte, deren oberstes Gebot es war, im Einklang mit Gelände, Bodenverhältnisse und Klima zu wirtschaften. Der Not gehorchend mußte man selbst schwer „ackern", damit nicht das Feld „abackerte", d.h. zu Tal geschwemmt wurde und das hochgelegene Flurstück unfruchtbar wurde.

Trotz der schonenden Wirtschaftsweise konnten die Bergbauern letztlich nicht verhindern, daß auch ihre Böden mit der Zeit erodierten. Auch sie haben das Gleichgewicht zwischen Bodenabtrag und -neubildung gestört. Jeder Eingriff in die natürliche Vegetationsdecke ändert die Struktur und die Eigenschaften des Bodens und löst die Bodenerosion aus. Nur unter besten Bedingungen wird der unvermeidliche Bodenverlust durch neugebildeten Boden ausgeglichen.

Hier haben die Weinbauern terrassenförmige Felder angelegt, um den Boden vor Erosion zu schützen. Die Felder bilden schräge Flächen, so daß die vordere Kante hoch steht.

Der Mensch löst die Erosion aus, indem er den Boden nutzt. Natürliche Abtragungsprozesse werden durch die Tätigkeit der Menschen beschleunigt oder überhaupt erst verursacht. Die Bodenerosion erreicht dann meistens ein Mehrfaches der Werte einer natürlichen Erosion.

Nicht nur die unmittelbaren Nutzungen des Bodens wie der Ackerbau, sondern auch Kahlschläge und Rodungen, Viehhaltung, Straßen- und Landschaftsbau usw. beschleunigen die Erosion. Selbst das Betreiben von Kraftwerken und Autofahren lösen Bodenerosionen aus: Mittlerweile steht fest, daß Luftverschmutzung und saurer Regen die Hauptverursacher des Waldsterbens sind. Wenn ein Wald abstirbt, kommt das einem Kahlschlag gleich. Wenn der Gebirgswald abstirbt und dadurch Hangrutschungen und Bergstürze ermöglicht, kann man sich nicht mehr mit dem Gedanken trösten, Erosion im Gebirge sei ein ganz natürlicher Vorgang.

Bodenerosion durch Überweidung der Almwiesen

Zu viele Tiere auf den Almwiesen lösen im Gebirge Bodenerosionen aus.

Erosion durch Viehtritt.

Sieht man einmal davon ab, daß in früheren Jahrhunderten viel Bergwald gerodet wurde, um Weideflächen zu erhalten, so schädigen heute die vielen Weidetiere die Pflanzendecke der Weide durch Tritt, Verbiß und Überdüngung durch die Ausscheidungen der vielen Weidetiere. Diese bevorzugen zunächst gehaltvolle Futterpflanzen, z.B. aus der Familie der Schmetterlingsblütler, die kaum noch zur Samenbil-

dung kommen und zusätzlich durch die Stickstoffüberdüngung weiter reduziert werden. Ihren Platz nehmen giftige oder stark kieselsäurehaltige Pflanzen ein, die von den Kühen oder Geißen verschmäht werden. Die Vielfalt der Almwiese nimmt schnell ab. Damit wird auch das Wurzelgeflecht der Pflanzendecke einförmiger und kann den scharfkantigen Klauen der Weidetiere nicht mehr standhalten. Durch den Tritt reißt die Pflanzendecke an den steilen Hängen auf; die vielen kleinen „Wunden" der Erde bieten dem Niederschlagswasser keinen Widerstand mehr und reißen zu Rinnen und Gräben auf: Der Boden wird zu Tal gespült, und manchmal werden sogar Hangrutsche ausgelöst.

Bodenerosion durch Wintersport

Ein weit größeres Problem als die Viehhaltung bringt der Massentourismus mit sich. Etwa 40 Millionen Menschen verbringen jährlich in der Alpenregion ihren Winterurlaub. Zu diesen stoßen pro Saison noch 60 Millionen Tagesausflügler. 12 000 Skilifte und Bergbahnen befördern die Skienthusiasten auf die Skipisten. Allein die 5770 Seilbahnen und Skilifte Österreichs und der Schweiz können in der Stunde 3,5 Millionen Menschen befördern. Das bedeutet, daß sich auf den Skipisten während der Wintersaison täglich etwa 1 Million Skifahrer tummeln.

Die Skifahrer bringen Geld in die Kassen der Wirte der Pensionen und Hotels und aller anderen, die vom Tourismus leben. Dafür muß man natürlich investieren: Straßen bauen, Skipisten anlegen, und für die Bequemlichkeit werden die erwähnten 12 000 Lifte gebraucht. Der Wunsch der Skifahrer nach guten Pisten und der Wunsch der Wirte nach guten Gewinnen fordern ihren Tribut. Für Pisten, Lifte und Straßen müssen oft Bergwald oder Weideflächen geopfert werden. Mit schweren Raupenschleppern wurde vielerorts die Gebirgslandschaft regelrecht umgebaut, Pisten planiert und Böschungen angelegt. Flächen werden zubetoniert und die Landschaft zersiedelt, weil Hotels, Straßen, Parkplätze und viele neue Ferienwohnungen gebaut werden müssen.

Die plattgewalzten Abfahrts-Trassen in Waldschneisen, die Liftmasten und sog. Lawinenverbauungen, die großen Hotels und die Feriensiedlungen machen aus dem einst natürlichen alpinen Lebensraum eine künstliche „Skisportlandschaft". Abgesehen von den Problemen mit dem Autoverkehr, dem Müll und dem

Abwasser, die der Massentourismus mit sich bringt und die „nur mittelbar" an der alpinen Bodenerosion beteiligt sind, dürfte der Wintersport zur Hauptursache von Bodenerosion in den Alpen geworden sein. Der Skipistenbau hat die Vegetation und das Bodengefüge grundlegend geändert. Durch das Planieren wird der natürliche Oberboden zerrissen und durch die schweren Raupenketten verdichtet. An die Oberfläche gelangt der sterile Unter- oder Rohboden, der wiederum durch die Raupen zusammengepreßt wird. Auf diesen verdichteten Böden können sich kaum Pflanzen ansiedeln. Auch künstliche Begrünungsversuche schlagen meist fehl, da weniger als 10 % der Saat überhaupt nur aufgehen. Zudem ist die Fähigkeit, Wasser zu speichern, bei planierten Böden bis zu 10 mal geringer als vorher. Schon bei normalen Niederschlagsmengen reicht die Kraft des abfließenden Wassers aus, um tiefe Erosionsrinnen zu graben. Eine natürliche Pflanzenfolge, die sich im Laufe der Zeit einstellen könnte, hat aber auf einer Skipiste keine Chance. Einmal verliert sie den Wettlauf mit der Bodenerosion, zum anderen zerschneiden die scharfen Skikanten allwinterlich jeden zarten Pflanzenbewuchs. So kommt es, daß selbst im Hochsommer viele Skipisten kahl bleiben.
Bodenerosionen und Landschaftszerstörung großen Ausmaßes sind die Folge.

Bodenerosion durch Landwirtschaft

Hangrutsche, Muren und Rinnen sind für jedermann erkennbar und als Bodenerosion auszumachen. Kaum wahrnehmbar dagegen sind Flächenerosionen, von denen praktisch jede landwirtschaftliche Fläche bedroht ist. Man nennt sie deshalb auch „schleichende Bodenerosion". Die Flächenerosion ist auf lange Sicht für uns Menschen viel bedrohlicher als ein spektakulärer Bergsturz, weil sie den Boden unfruchtbar macht.
Jahrhundertelang spielte die Bodenerosion auf den Ackerflächen in Mitteleuropa keine nennenswerte Rolle, obwohl der Bodenabtrag durch Ackerbau die natürliche Erosion um das 10 bis 100-fache übertraf. Die Bodenschicht war über lange Zeit dick genug, um den Abtrag zu verkraften.
In den letzten 30 Jahren haben sich die Produktionsmethoden in der Landwirtschaft radikal verändert. Früher war es das Ziel des Ackerbaus, sich selbst und die umliegenden Städte zu versorgen. Angebot und

Tiefe Erosionsrinnen

Nachfrage bestimmten sowohl die Produkte als auch die Preise. Der Agrarmarkt der Europäischen Gemeinschaft hat das geändert. Es gibt jetzt garantierte Preise für landwirtschaftliche Produkte. Damit ist ein Anreiz gegeben, die Betriebe zu vergrößern, die Bodennutzung zu intensivieren und durch Anlage von Monokulturen auf maschinenfreundlichen und „flurbereinigten" Anbauflächen zu rationalisieren. Die kleinräumige bäuerliche Landwirtschaft macht großflächigen Agrarproduktionsstätten Platz. Dadurch hat der Boden schweren Schaden erlitten.
Im Rahmen der Flurbereinigung wurden Äckerchen zu großen Ackerflächen zusammengelegt und natürliche Erosionsschutzwälle wie Knicks oder Feldgehölze ausgeräumt. Die intensiven Bewirtschaftungsmethoden durch schweres Gerät, Düngung und Pflanzenschutz beeinträchtigen die Bodenorganismen beim Aufbau einer stabilen Krümelstruktur; der Oberboden zerfällt so zu Staub. Dieser wird leicht durch Wind und Niederschlagswasser weggetragen.

Folgen der Arbeit mit schwerem Gerät.

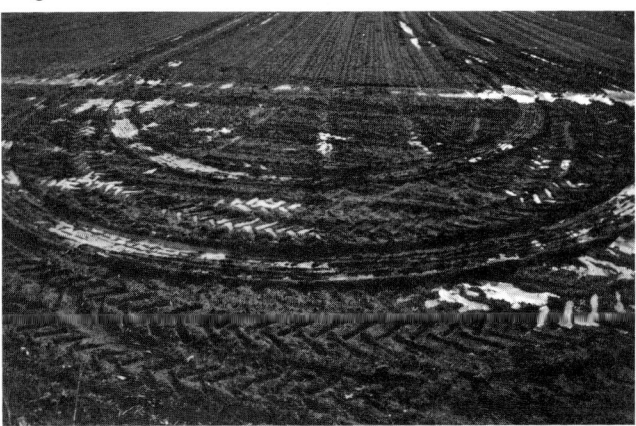

Die Erosion durch Wind und Wasser kann kaum mehr gebremst werden. Man schätzt, daß der jährliche Abtrag auf manchen Böden durchschnittlich bei 50 000 bis 100 000 kg pro Hektar liegt, während er bei den früheren Bewirtschaftsmethoden weit unter 10 000 kg lag. Bei Sonderkulturen wie Wein, Mais und Zuckerrüben kann die jährliche Bodenerosion bis zu 200 000 kg betragen, in Extremfällen sogar noch darüber. Die Böden müssen wochenlang offengehalten werden; sie sind deshalb den hohen Niederschlagsmengen im Frühjahr lange schutzlos ausgesetzt.

Durch Bodenerosion wird die Bodenqualität verschlechtert. Die Mächtigkeit des Oberbodens wird laufend verringert. Da dieser Träger der Bodenfruchtbarkeit ist, vermindert sich damit die Fruchtbarkeit des Bodens nachhaltig. Dies kann nicht mehr durch vermehrte Mineraldüngergabe ausgeglichen werden. Mit dem Bodenverlust sinken auch die Erträge. In Mitteleuropa ist bisher nur an besonders erosionsanfälligen Lagen zu erkennen, daß der Boden unfruchtbar geworden ist. Die Minderung der Erträge dürfte aber mit fortschreitender Bodenerosion auch bei uns unausweichlich sein – es sei denn, daß Erosionsschutzmaßnahmen konsequent angewendet werden.

In vielen Gebieten der Welt sind die Ernteerträge als Folge der Bodenerosion bereits drastisch zurückgegangen. Etwa die Hälfte der Weltanbaufläche ist schon so stark der Bodenerosion ausgesetzt, daß die landwirtschaftlichen Erträge nach und nach ausbleiben. Amerikanische Wissenschaftler des „World-watch-Instituts" schätzen den weltweiten Verlust an Ackerkrume, die jährlich weggeschwemmt oder weggeblasen wird, auf 25 400 000 000 t. Das gleiche Institut hat auch berechnet, daß bis zum Jahre 2000 jedem Erdbewohner nur noch 2/3 an anbaubarem Boden im Vergleich zu heute zur Verfügung steht. Das bedeutet:

Es gibt auf der Erde immer weniger Anbaufläche für immer mehr Menschen, die auch noch die ungünstigsten Landflächen urbar machen müssen, um wieder Ackerland zu bekommen. Rodungen bedeuten aber gleichzeitig einen weiteren Anstieg der Bodenerosion und weiteren Verlust an Fruchtbarkeit.

Inzwischen sind wir alle in der Situation der Bergbauernfamilie, deren Wirtschaften anfangs beschrieben wurde. Für alle Menschen ist der Boden die alleinige Lebensgrundlage. Wir können uns nur von dem ernähren, was der Boden hervorbringt. Man kann den Boden nicht künstlich herstellen und ihn beliebig vermehren. Er ist leicht zerstörbar. Diese Einsicht veranlaßte die Bergbauernfamilie, sorgsam und pfleglich mit der Erde umzugehen. Trotz schlechtester Bedingungen konnte dadurch das gleiche Stückchen Boden über Generationen hinweg die Bergbauern ernähren. Wir dagegen sind weit davon entfernt, mit dem Boden sorgsam umzugehen. Wenn die Böden weiterhin der kurzfristigen Vorteile wegen so rücksichtslos geschunden und ausgebeutet werden, könnte eine weltweite Hungersnot eines Tages Wirklichkeit werden.

Boden

Renate Marel

Auf zur Kleinlebewesen-Safari!

Daß im Boden Pflanzen und Tiere leben, weiß jeder. Ameisen, Regenwürmer oder auch der Maulwurf sind alte Bekannte. Es gibt aber noch sehr viel mehr. In einem Krümel Erde sind mehr Lebewesen zu finden, als es Menschen auf der Erde gibt. Nur mit Lupe oder Mikroskop kann man diese winzigen Vertreter der Tier- und Pflanzenwelt erkennen. Je tiefer man in das Erdreich eindringt, umso kleiner werden sie. Das hat gute Gründe, denn nur die Größeren unter ihnen können sich aus eigener Kraft ihren Weg im Boden graben. Die Kleineren bewegen sich in winzigen Zwischenräumen, den Poren, im Erdboden. Weil diese Poren in den tiefer gelegenen Erdschichten immer enger und winziger werden, findet man ganz tief in der Erde nur noch die Kleinsten der Lebewesen. Was den Kleinsten an Körpergröße fehlt, gleichen sie durch ihre zahlenmäßige Überlegenheit gegenüber den Großen aus.

Fast alle Bodenlebewesen sind lichtscheu und wärmeempfindlich. Die Dunkelheit ihres Lebensraumes macht Lichtsinnesorgane überflüssig. Es fehlt ihnen auch eine Schutzfärbung. Viele dieser Lebewesen sind blind und farblos oder nur schwach farbig. Dagegen sind die in der Laubstreu über dem Boden lebenden Käfer umso auffälliger gefärbt.

BAKTERIEN sind die kleinsten, aber zahlreichsten Besiedler. In der oberen, 30 cm tiefen Schicht eines guten Bodens leben pro Quadratmeter eine Billiarde Bakterien. Würde man diese „Zwerge" (von zum Teil nur 0,0005 mm Größe!) zu einer langen Kette aneinanderreihen, so könnte man sie 25 mal um den Erdball legen!

Viele der Bakterien sind auf ganz bestimmte chemische Abbauprozesse spezialisiert, zum Beispiel das Abbauen von Eiweißen oder Kohlehydraten.

Die STRAHLENPILZE sind ebenfalls winzig klein – und 10 000 Milliarden leben pro Quadratmeter Boden. Den Erfolg ihrer Arbeit kann man riechen! Der typische Erdgeruch, den man besonders im Frühjahr oder nach Regen wahrnimmt, stammt zum größten Teil von diesen Zersetzungsspezialisten. Sie sind für die Vermoderung und Verrottung von Holz und Pflanzenresten verantwortlich. Aber auch tierische Reste werden von ihnen weiter zerlegt. So bauen sie z. B. das Chitin, aus dem der Panzer der Insekten besteht, zu kleineren Bausteinen ab.

Andere Pilzarten leben als feine, weit verzweigte Fadengespinste, vor allem in sauren Böden. Bis zu 1000 Milliarden Pilze leben in einem Quadratmeter Boden. Auch sie bauen Holzbestandteile ab, daneben noch komplizierte Stickstoff- und Kohlenstoffverbindungen.

Eine Besonderheit bei Bodenpilzen gibt es noch zu berichten. Es gibt einige, die mit Pflanzenwurzeln eine ganz enge Gemeinschaft zum gegenseitigen Nutzen, eine Symbiose, eingehen. Die Pilze umgeben mit ihrem Geflecht die Wurzelenden vieler Waldbäume (z. B. Kiefer oder Buche) und dringen auch in die äußerste Zellschicht der Wurzeln ein. Sie versor-

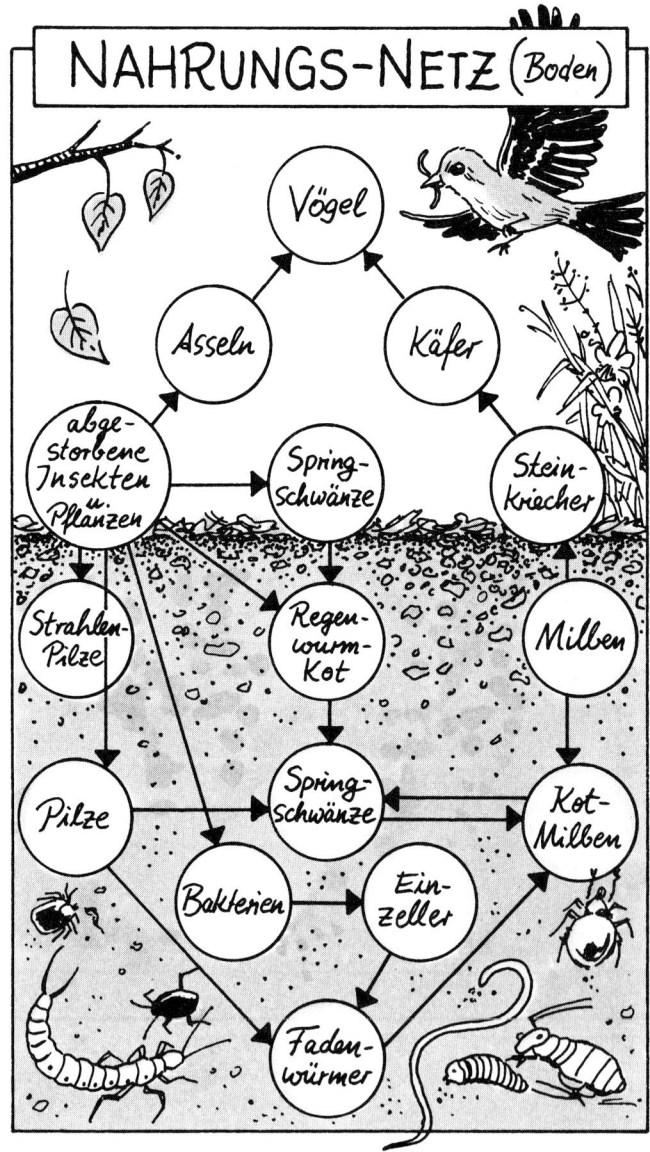

gen den Baum mit Wasser und Nährsalzen aus der Umgebung. In umgekehrter Richtung, also von dem Baum in das Pilzgeflecht, fließt auch etwas, nämlich Kohlehydrate. Von diesen Kohlehydraten, die der Baum durch Photosynthese in seinen Blättern aufgebaut hat, leben die Pilze.

Die EINZELLER sind im Boden die kleinsten Vertreter aus dem Tierreich. Pro Quadratmeter Boden können weit über 1000 Milliarden solcher Minitierchen vorkommen. Zu ihnen gehören die Wimperntierchen, Geißeltierchen, Wurzelfüßler oder die Wechseltierchen. Sie sind zwischen 0,01 und 0,5 mm groß. Oft nennt man sie die „Bodenschwimmer", und das aus gutem Grund! Sie schwimmen in winzigen Wassertröpfchen im Boden oder auf dem Feuchtigkeitsfilm der Bodenkrümel. Die Einzeller ernähren sich von den reichlich vorhandenen Bakterien.

FADENWÜRMER sehen tatsächlich aus wie dünne, farblose Fäden. Auch sie sind noch so klein, daß man sie mit bloßem Auge nicht erkennen kann.
Pro Quadratmeter Boden sind etwa 30 Millionen von ihnen zu finden. Die Fadenwürmer sind an die Raumnot ihrer Umgebung angepaßt. Wegen ihrer geringen Platzansprüche können sie tief in den Boden eindringen, ganz weit nach unten, wo sonst nur noch Bakterien leben. Sie ernähren sich von Einzellern. Andere schmarotzen auf Pilzen oder Pflanzenwurzeln. Weil sie den Pflanzen wichtige Nährstoffe entziehen, gelten viele Fadenwürmer in der Landwirtschaft als Schädlinge.

Mit dem großen Heer der unterschiedlichen MILBENARTEN – es gibt pro m² 150 000 Milben – nehmen die Tiere der Bodenunterwelt langsam Gestalt an: Zum Teil sehen diese „Gesellen" grausig aus, aber auch faszinierend! Verwandt sind die Milben mit den Spinnen. Sie sind zwischen 0,1 und 1 mm groß. Ihre Ernährungsgewohnheiten sind ganz unterschiedlich: Manche Milbenarten ernähren sich von totem Pflanzenmaterial in der Streuschicht über dem Boden, andere machen im unterirdischen Gangsystem Jagd auf Fadenwürmer, Springschwänze oder auch Artgenossen. Wieder andere leben von Pilzen oder Bakterienkolonien.

Bei 100 000 etwa liegt die Zahl der auf einem Quadratmeter lebenden vielgestaltigen SPRINGSCHWÄNZE. Sie leben sowohl über als auch unter dem Boden. Den Namen verdanken diese Ur-Insekten einer Sprunggabel am Hinterende ihres Körpers. Allerdings haben nur die über dem Boden lebenden Tiere eine solche Sprungeinrichtung, die sie zu wahren Meistern im Weitsprung macht. Ihre unterirdisch lebenden Verwandten haben sich der Enge des Lebensraumes angepaßt – ihre Sprunggabel ist zurückgebildet. Diese Tiere sind besonders klein (0,5 bis 1 mm), schlank, farblos und blind. Das Angebot auf dem Speisezettel der Springschwänze reicht von abgestorbenen Pflanzenresten und Pilzen bis hin zum Kot anderer Bodenbewohner. Alles wird weiter zerkleinert und gefressen.

Je weiter man nun aus der unterirdischen Welt hinaufsteigt in die Streuschicht auf dem Erdboden, umso bekannter werden seine Bewohner: Diese Tiere sind jetzt mit bloßem Auge zu erkennen. Die mit den Krebsen verwandten ASSELN sind immerhin 5 bis 20 mm groß. Sie leben zwischen abgefallenen Laubblättern und unter loser Rinde. Als Nahrung kommen für sie abgestorbene Pfanzenreste, Pilzgeflecht und tote Artgenossen in Frage.

Auch die zahlreichen VIELFÜSSLER (= Tausend- und Hundertfüßler) sind uns bekannt. Dazu gehören Schnurfüßler und Steinkriecher. Sie fressen Pflanzenreste, Pilze, zum Teil aber auch kleinere Tiere.
Die vielen Arten von Bodenschnecken, Regenwürmern, Ameisen, Käfern und anderen Insekten mit ihren Larven setzen die lange Liste der Bodenbewohner fort.
So reich an Bewohnern ist ein Hektar Boden in landwirtschaftlich genutzter Fläche – wenn er gesund ist.

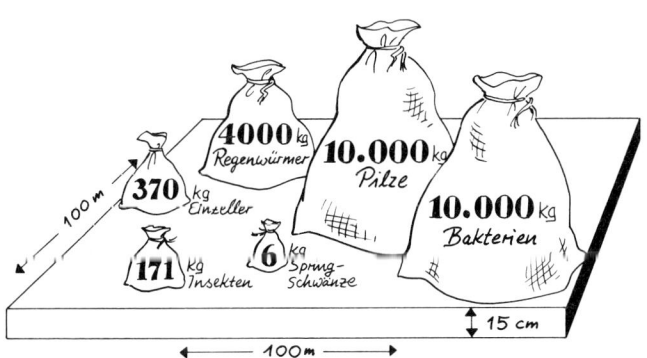

Also, ich hab' auch nicht geahnt, daß in dem Matsch so ein Gewimmel ist!

Bau einer „Kleintierfalle"

Um die Bodenlebewesen zu Gesicht zu bekommen, müssen sie aus ihrem Bodenversteck herausgelockt werden. Man nützt dazu ihr natürliches Verhalten aus: sie flüchten vor Licht und zu großer Wärme. Mit relativ geringem Aufwand läßt sich eine „Falle" bauen. Nach einem Tag sind die kleinen Lebewesen gut zu beobachten.

Und so wird's gemacht: man braucht:

> 1 Schachtel, mit schwarzem Papier ausgeschlagen oder innen schwarz angemalt,
> 1 Schale zum Auffangen der Tiere,
> 1 Trichter,
> 1 Küchensieb, das auf den Trichter paßt, mit einer Maschenweite von ca. 2 mm,
> 1 bis 2 Papiertaschentücher,
> 1 Tischlampe mit einer 40 Watt starken Glühbirne (so kostet der Versuch ungefähr 10 Pfennig an Strom),
> etwas Erde.

Nun wird die Kleintierfalle entsprechend der Abbildung zusammengebaut. In das Sieb füllt man frischen, gut durchfeuchteten Boden aus dem Wald oder dem Garten. Die Bodenprobe sollte auch verrottetes Laub enthalten. Die Auffangschale in dem Kasten wird mit feuchten Papiertaschentüchern ausgelegt, damit die Lebewesen, die aus dem Trichter nach unten fallen, nicht austrocknen. Jetzt darf kein Licht mehr in den Kasten fallen. Falls man einen Glastrichter benutzt, muß man ihn ebenfalls mit

schwarzem Papier lichtundurchlässig machen. Die Lampe, die nicht zu dicht über dem Sieb hängen darf, weil sonst der Boden zu schnell austrocknet, wird eingeschaltet.

Nach 24 Stunden kommt der spannende Moment: Man öffnet den Kasten und sieht nach, welche Lebewesen die Flucht nach unten in die Schale angetreten haben, weg von dem Licht und der Wärme der Lampe. In der Auffangschale kann man die Tiere dann genau betrachten und bestimmen. Aber nicht vergessen – anschließend geht es für sie zurück in die Erde.

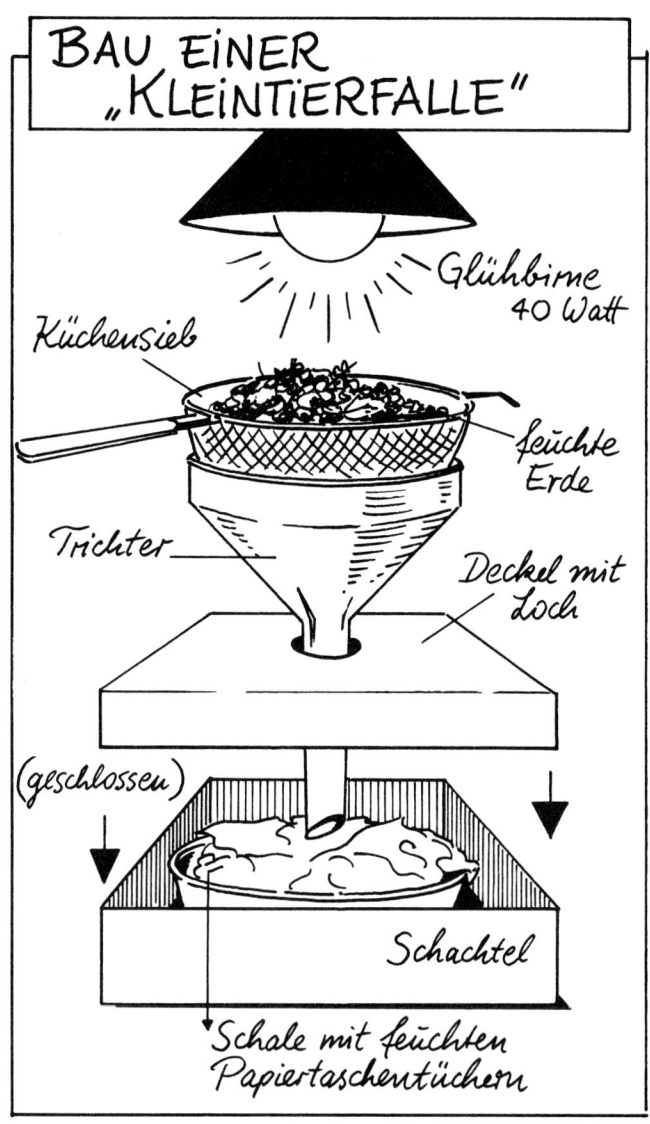

BAU EINER „KLEINTIERFALLE"

Glühbirne 40 Watt

Küchensieb

feuchte Erde

Trichter

Deckel mit Loch

(geschlossen)

Schachtel

Schale mit feuchten Papiertaschentüchern

ERDBEWOHNER

Zecke

Bodenspinne

Schnirkelschnecke

Laufkäfer-larve

Ohrwurm

Erdläufer

Stein-kriecher

Rindenlaus

Pilzmycel

Saftkügler

Schnürfüßler-larve

Springschwanz

Pinsel-füßler

Schnellkäfer-larve

Raubmilbe

Einzeller

Fadenwurm

Kugelspringer

Regen-wurm

Doppelschwanz

Weißwürmer

Mykorrhiza

Rollassel
(Mauerassel)

Hornmilbe

Fliegenlarven

Bandfüßler

Ameise

Pseudoskorpion

Engerling

Maulwurf

Feldspitzmaus

Das perfekte Recycling

Wie kommt es, daß die 25 Millionen Blätter (das sind 3 bis 4 Tonnen!), die jeden Herbst auf einem Hektar Buchenwaldboden niederfallen, in einigen Jahren nicht den ganzen Wald unter sich begraben?

Was zunächst wie Zauberei aussieht, ist das Ergebnis der alltäglichen Arbeit vieler kleiner Abbauspezialisten im Boden.

Wir schaffen es mit all unseren Müllautos, Mülldeponien und Müllverbrennungsanlagen nicht, unsere Abfälle zu beseitigen. Für die „Müllarbeiter" des Bodens scheint das jedoch kein Problem zu sein!

Die abgestorbenen Pflanzenreste werden zunächst von Bakterien und Pilzen besiedelt. Die weichen das pflanzliche Material erst einmal auf. Ihnen folgen Springschwänze und Milben. Mit ihren sägenden Mundwerkzeugen fressen sie Löcher in die Blätter. Daneben ernähren sich Einzeller und Fadenwürmer von den Bakterien. Bestimmte Milbenarten weiden die Pilzgeflechte ab. Der Kot vieler kleiner „Bodenarbeiter" dient wieder für andere als Nahrungsgrundlage. Milben fangen Springschwänze und werden selbst von Steinkriechern gefressen. Nacktschnecken machen Jagd auf kleine Regenwürmer.

So sind es unzählige Lebewesen, die alle auf verschiedenen Stufen des großen Abbauprozesses in der Natur stehen.

Aber die vielen Abbauschritte, die das Blatt schließlich in kleinste Mineralteilchen zerlegen, fügen sich gleichzeitig in einen neuen Aufbauvorgang ein. Die Pflanzen nutzen die Mineralsalze zu ihrer Ernährung. Sie wachsen, sie bauen neues Material auf. Ein Kreislauf von Auf- und Abbau schließt sich. Die beteiligten Lebewesen zeigen uns eine fortschrittliche Methode zur Beseitigung aller Abfälle – ein perfektes Recycling! Abfallprobleme sind hier unbekannt.

Der Regenwurm

Heute loben alle Bücher über den Boden, über erfolgreiche Gartenarbeit und auch die Biologie-Schulbücher den Regenwurm! Schaut man sich aber einmal ein bißchen genauer in der älteren Literatur um, so findet man bald heraus, daß diese Begeisterung noch recht jung ist. 1774 steht in einer Anweisung zum Anlegen eines Blumengartens: „Regenwürmer sind zu töten, wo man sie findet." Man sagte ihnen nach, sie schädigten durch Entziehung der aufgelösten Nährstoffe die Pflanzen. Erst Charles Darwin

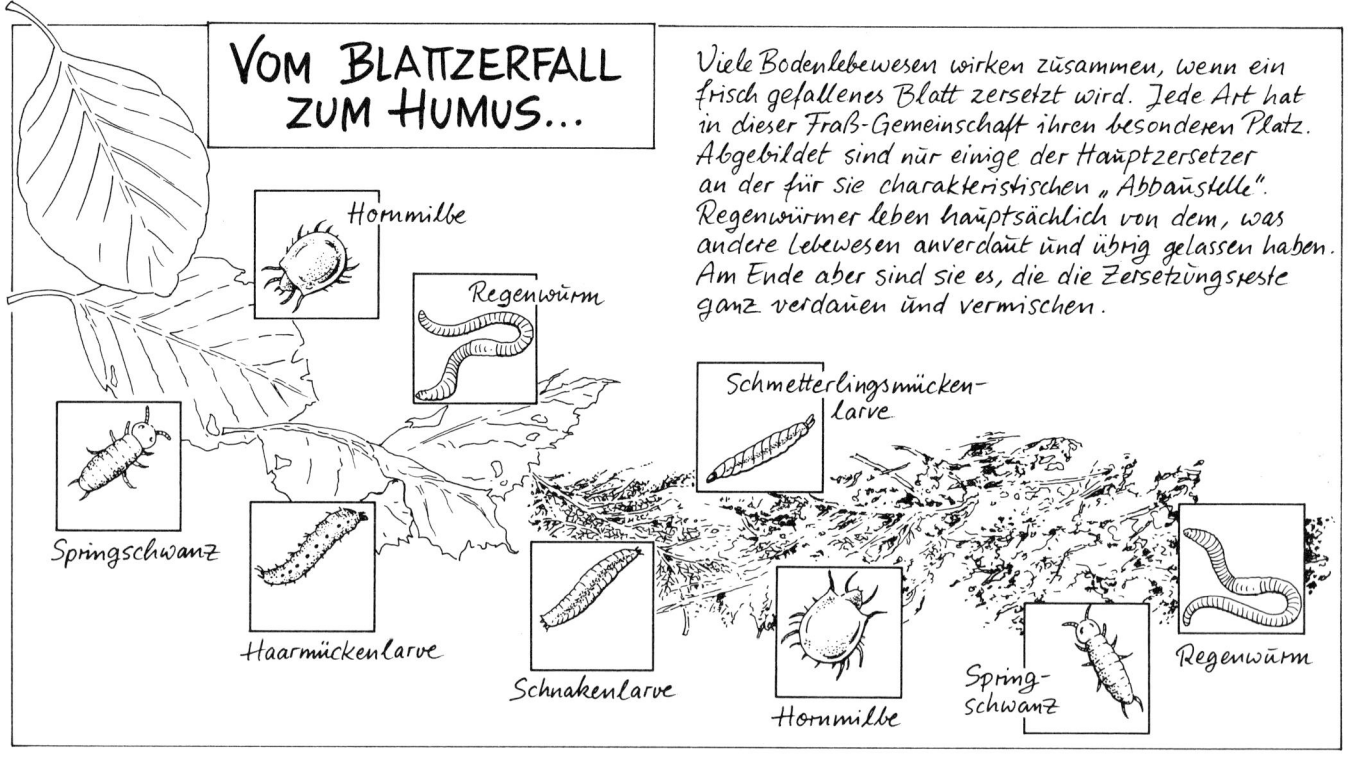

VOM BLATTZERFALL ZUM HUMUS...

Hornmilbe
Regenwurm
Springschwanz
Haarmückenlarve
Schnakenlarve
Schmetterlingsmücken-larve
Hornmilbe
Springschwanz
Regenwurm

Viele Bodenlebewesen wirken zusammen, wenn ein frisch gefallenes Blatt zersetzt wird. Jede Art hat in dieser Fraß-Gemeinschaft ihren besonderen Platz. Abgebildet sind nur einige der Hauptzersetzer an der für sie charakteristischen „Abbaustelle". Regenwürmer leben hauptsächlich von dem, was andere Lebewesen anverdaut und übrig gelassen haben. Am Ende aber sind sie es, die die Zersetzungsreste ganz verdauen und vermischen.

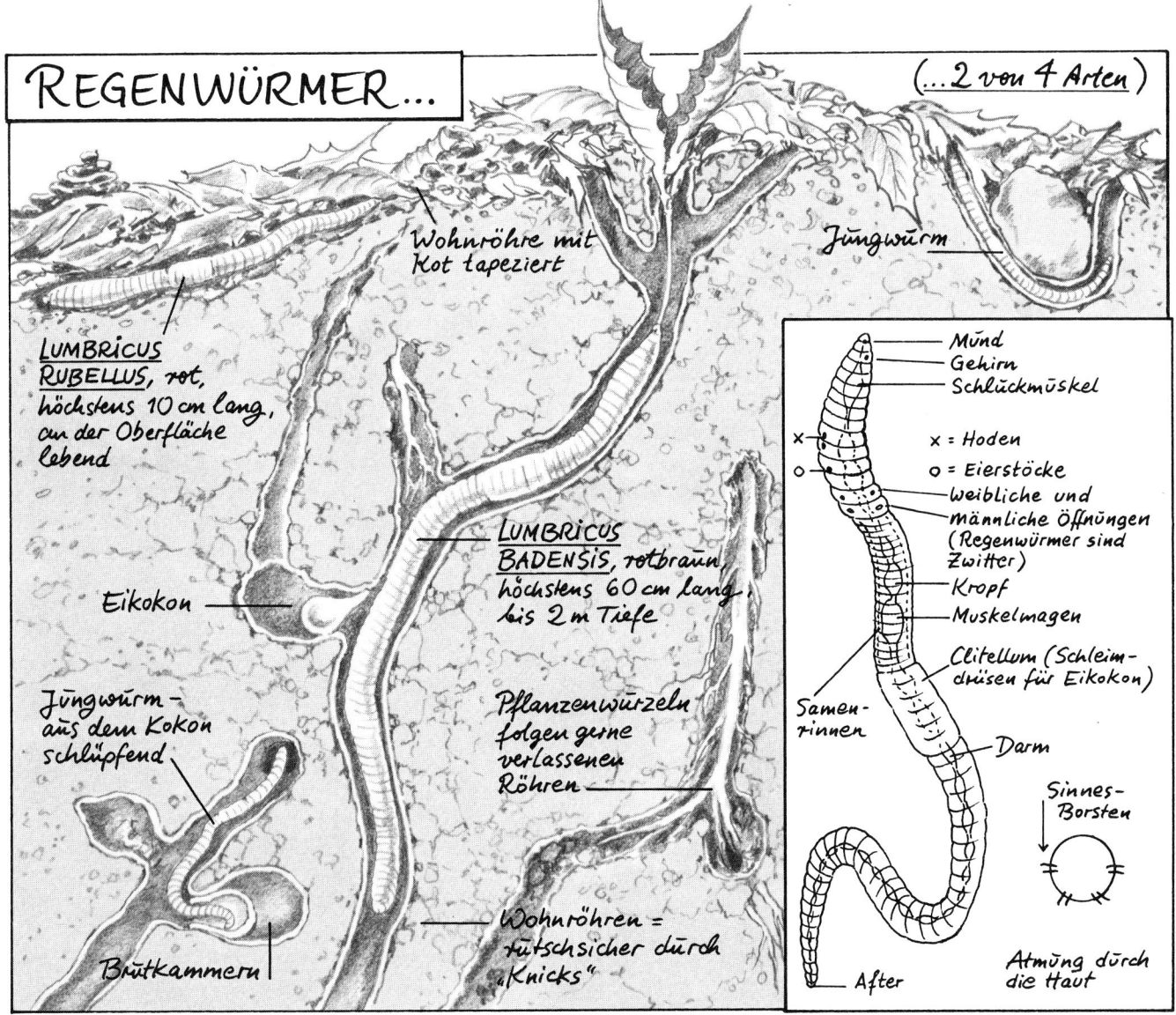

Wohnröhre mit Kot tapeziert

Jungwurm

LUMBRICUS RUBELLUS, rot, höchstens 10 cm lang, an der Oberfläche lebend

LUMBRICUS BADENSIS, rotbraun, höchstens 60 cm lang, bis 2 m Tiefe

Eikokon

Pflanzenwurzeln folgen gerne verlassenen Röhren

Jungwurm aus dem Kokon schlüpfend

Brutkammern

Wohnröhren = rutschsicher durch „Knicks"

Mund
Gehirn
Schluckmuskel

x = **Hoden**
o = **Eierstöcke**
weibliche und männliche Öffnungen (Regenwürmer sind Zwitter)
Kropf
Muskelmagen
Clitellum (Schleimdrüsen für Eikokon)
Samenrinnen
Darm
Sinnes-Borsten
After
Atmung durch die Haut

rettete 1881 das Ansehen dieser bis dahin ungeliebten Lebewesen. Mit zahlreichen Experimenten erforschte er die Sinnesorgane der Regenwürmer. Er konnte nachweisen, daß Regenwürmer keinen ausgeprägten Wärmesinn haben. Ihr Geruchssinn ist ebenfalls nur schwach ausgeprägt (der stinkende Geruch von Kautabak oder in Parfum getunkte Wattebällchen machten keinen Eindruck auf die Würmer). Das Gehör ist nicht ausgebildet (weder Töne von Klavier oder Fagott, noch lautes Anschreien konnte die Regenwürmer aus der Ruhe bringen), und auch mit dem Sehvermögen sieht es schlecht aus. Nur auf grelles Licht reagieren Regenwürmer mit panischer Flucht.

Die wichtigste Erkenntnis aus Darwins Arbeit ist aber, daß der Regenwurm die Pflanzen keineswegs schädigt – ganz im Gegenteil: Er bereitet den Boden hervorragend für ihr Wachstum vor. Und dieses erreicht er auf vielfältige Art und Weise:

- Er lockert den Boden durch seine Gangsysteme auf. Damit gelangt Luft in den Boden. Dieses Netz von Luftkanälen schafft ideale Lebensbedingungen für die vielen Kleinlebewesen im Boden, die dort ihre Abbauarbeit leisten. So kann viel organischer Abfall in kleinste mineralische Bausteine abgebaut werden. Diese Mineralstoffe dienen den Pflanzen wieder zur Ernährung.

– Der Regenwurm selbst frißt abgestorbenes organisches Material. Mit seinen an Nährsalzen reichen Ausscheidungen kleistert er die Wände seiner Gänge aus. Diese „Tapete" liefert den Pflanzenwurzeln die zum Wachstum wichtigen Nährstoffe. Man kann sich vorstellen, warum die Pflanzenwurzeln nur zu gerne die Gänge des Regenwurms als vorbereitete Wege ins Erdreich benutzen.

– Noch weiter kommt er den Pflanzenwurzeln entgegen. Durch sein unermüdliches Graben schafft er die tief im Boden liegenden mineralreichen Schichten weit nach oben. Von oben nach unten transportiert er, kunstvoll gefaltet, Blätter und Grashalme in den Boden hinab. Bis zu 14 Laubblätter läßt ein Regenwurm pro Nachtschicht vom Erdboden verschwinden. Tief im Boden werden sie gelagert und nach und nach aufgefressen.

Regenwurm . . . und seine Ausscheidungen.

Der Erfolg der ganzen Arbeit ist ein fruchtbarer, gut durchlüfteter, lockerer Boden, der für viele Millionen Lebewesen ideale Lebensbedingungen schafft.

Sogar ein heftiger Regenguß kann solchem Boden nicht schaden, er stört nur den Wurm selbst. Der muß sein Gangsystem schnell verlassen, um nicht in seiner überfluteten Behausung zu ersticken. Der Boden aber nimmt über viele Gänge wie durch Röhren das Regenwasser schnell auf, speichert es, wird so feucht und schwer und nicht einfach mit den Regenfluten weggespült.

Die Regenwürmer leisten für gesunden und fruchtbaren Boden unbezahlbare Arbeit. Sie müssen geschützt und gepflegt werden.

In einem Hektar Weideboden wühlen rund 250 000 Regenwürmer. Ihr gemeinsames Lebendgewicht von etwa 750 kg entspricht dem Gewicht eines Kaffern-Büffels! Innerhalb eines Jahres schaffen die 250 000 Würmer in diesem einen Hektar „Weideland" etwa 44 Tonnen fruchtbaren Boden. Dabei entsteht auch neuer Boden aus den Ausscheidungen der Regenwürmer. Die sogenannten Ton-Humus-Komplexe besitzen eine enorme Fähigkeit, Wasser zu binden; ein weiterer Gewinn!

Mit Pferdekräften gehen die Regenwürmer ans Werk. Sie schaffen es, einen Erdklumpen, der das 50- bis 60fache ihres Eigengewichts ausmacht, in Bewegung zu setzen.

Innerhalb eines Tages nimmt der Regenwurm die Nahrungsmenge auf, die seinem Körpergewicht entspricht und „verarbeitet" sie. Eine gewaltige Leistung!

Fast kommt einem bei soviel Fleiß im Dunkeln der Vergleich mit den Heinzelmännchen zu Köln in den Sinn. Wir sollten es uns, zu unserem eigenen Nutzen, nicht mit ihnen verderben!

Das aber geschieht bei der heutigen Art der Bodenbearbeitung leider zu oft. Gerade die moderne Landwirtschaft ist mit ihren schweren Maschinen der große Feind der Regenwürmer. Es ist schon widersinnig, daß wir durch den Einsatz von gewaltigen Traktoren die anstrengende Landarbeit erleichtern und auch mehr produzieren können, aber gleichzeitig die wertvolle Arbeit der abertausend Regenwürmer auf den Ackerflächen mit einem Schlag zunichte machen. Wir können uns leicht vorstellen, was mit dem Boden geschieht, wenn die Traktoren immer und immer wieder ihre Bahnen über den Acker ziehen: Der Boden wird so zusammengepreßt, daß kaum noch Bodenleben möglich ist. Die Folgen sind geringere Fruchtbarkeit, schlechteres Pflanzenwachstum, große Abschwemmungsgefahr, mehr künstliche Pflanzendüngung usw. Ein Teufelskreis beginnt. Welch ein Preis für mehr Produktion!

Die Erdfabrik

Wer hat noch nicht vor den Supermärkten die riesigen Plastiksäcke gesehen, die mit fruchtbarer, dunkler Erde gefüllt sind? Diese Erde kauft man vor allem im Frühjahr, um den Boden im eigenen Garten aufzubessern, die Balkonkästen neu zu füllen oder um das Grab auf dem Friedhof damit zu versorgen. Unabhängig von dieser Tütenerde ist nur derjenige, der eine eigene kleine „Erdfabrik" in seinem Garten besitzt, einen Komposthaufen. Eine solche Erdfabrik produziert nicht nur wertvolle Erde umsonst, sondern verwendet zudem noch die Abfälle aus Garten und Küche.

Und wie funktioniert das? Es laufen hier ganz ähnliche Abbauprozesse ab wie in der Streuschicht des Waldbodens. Als energielieferndes Material für das große Heer der Abbauspezialisten dienen die organischen Abfälle aus Garten und Küche (z. B. Laub, Gras, Kartoffelschalen, Gemüsereste usw.). Wie in der Streuschicht des Waldes sind am Abbau der organischen Stoffe neben Bakterien und Pilzen vor allem auch kleine Tiere wie Milben, Springschwänze und Regenwürmer beteiligt. Sie bewirken eine mechanische Zerkleinerung des Materials und eine chemische Umwandlung der Ausgangsstoffe.

Unter den Bakterien im Komposthaufen sind vor allem diejenigen erwünscht, die mit Hilfe von Sauerstoff ihre Arbeit verrichten (= aerobe Bakterien). Sie zersetzen das Kompostmaterial in Kohlendioxid und Wasser. Auch Mineralsalze bleiben als Produkt zurück. Diese Mineralsalze sind wichtige Nährstoffe für die Pflanzen, die später mit dem Kompost gedüngt werden. Bei der Arbeit der Bakterien entsteht im Innern des Komposthaufens Wärme. Bis 80°C kann es heiß werden! Bei solch hohen Temperaturen werden Krankheitskeime abgetötet. Mit der Zeit nehmen die Temperaturen wieder ab. Dadurch können immer andere Bakterien, die bei jeweils verschiedenen Temperaturen arbeiten, im Wechsel aktiv werden. Schließlich geht die Anzahl der Bakterien zurück, und die Abbauarbeit der größeren Tiere be-

ginnt. Springschwänze, Milben und Käfer wandern von außen in den Komposthaufen ein. Sie zerkleinern mit ihren Mundwerkzeugen die größeren Brocken zu kleineren Partikeln.

Als letzte Besiedler stellen sich die Regenwürmer ein. Die Bakterien und die kleinen Bodentiere haben durch ihre Arbeit den Regenwürmern die Nahrung schon mundgerecht zubereitet. Diese sorgen dann für genügend Sauerstoff im Komposthaufen und liefern durch die Verdauung der organischen Abfälle einen entscheidenen Beitrag zur Humusbildung.

Alle Vorgänge greifen ineinander. Das Ergebnis erhalten wir nach 9 bis 12 Monaten: Aus dem für uns unnütz erscheinenden Abfall haben die Lebewesen des Bodens wertvolle, fruchtbare, dunkelbraune Erde fabriziert – wir können also tatsächlich von einer kleinen Erdfabrik reden!

Schwermetalle

Burckhard Mönter

Inzwischen weiß fast jeder: Gerichte aus Wildpilzen sollte man nicht häufiger als einmal in der Woche essen, Leber und Nieren sollte man am besten gar nicht essen. Gemüse (wie Spinat und einige Salatsorten mit großer Blattoberfläche) sollte ebenfalls nicht bedenkenlos verzehrt werden.

Warum? Weil all das Schwermetalle enthält.

Allgemein bezeichnet man als Schwermetalle die Metalle, die etwa so schwer wie Eisen oder schwerer sind. Blei, Cadmium, Chrom, Kupfer, Quecksilber, Zinn und Zink gehören dazu. Schwermetalle und ihre Verbindungen kommen auch in der Natur vor. Einige der Metalle sind wichtige Spurenelemente, andere können bereits in geringen Mengen dem Körper beträchtlichen Schaden zufügen. Zu den besonders gefährlichen Schwermetallen gehören Blei, Cadmium und Quecksilber. Sie werden von unserem Organismus aufgenommen und nur sehr langsam wieder ausgeschieden. Daher können auch kleinste Mengen, die wir mit der Nahrung und der Atemluft zu uns nehmen, sich in unserem Körper „anreichern" und zu einer ernsten Gefahr werden.

Aber wie gelangen diese Metalle in unsere Nahrung und die Luft? Die Wege sind vielfältig. Schwermetalle sind zum Beispiel in Auto- und Industrieabgasen, im Staub aus Hüttenwerken und im Rauch von Müllverbrennungsanlagen enthalten. Da die Schwermetalle und ihre Verbindungen schwerer als Luft sind, sinken sie bald zu Boden. Der Boden ist jedoch nicht in der Lage, sie abzubauen. Die Stoffe werden lediglich in der Erde eingelagert und können sich mit der Zeit so konzentrieren, daß sie den natürlichen Schwermetallgehalt des Bodens um ein Vielfaches übersteigen. Sie werden von den Pflanzen aufgenommen und gelangen so auf unseren Tisch und in unseren Körper. Oder die Pflanzen werden von Tieren gefressen. Und von diesem Fleisch ernähren wir uns wiederum. In der Nahrungskette können sich die Schwermetalle anreichern. Das trifft u n s besonders, da wir das letzte Glied in der Kette sind.

Da wäre es doch wohl besser, Schwermetalle erst gar nicht zu verarbeiten und sie nicht in die Umwelt kommen zu lassen? Aber so einfach ist das gar nicht. Die Schwermetalle werden gebraucht:

Das Blei

Etwa ein Drittel des verarbeiteten Bleis wird für Bleibatterien, zum Beispiel für den Einsatz in Kraftfahrzeugen, gebraucht. Dem Benzin wird Blei als sogenanntes Anti-Klopfmittel zugesetzt, um mehr Leistung aus den Motoren herausholen zu können. Außerdem verwendet man Blei für Farben und Rostschutzmittel und zur Ummantelung von Kabeln.

Vor allem beim Fördern und Aufbereiten der Bleierze gelangt Blei als Staub in die Luft. Die Umgebung von Bleihütten und -raffinerien ist daher besonders mit Blei belastet. Durch die Auspuffrohre der Kraftfahrzeuge werden ebenfalls noch enorme Bleimengen in die Luft geblasen. In der Nähe von Straßen und Autobahnen ist die Bleikonzentration deutlich erhöht. Dabei ist der überwiegende Teil der Automotoren schon längst nicht mehr auf bleihaltigen Kraftstoff angewiesen, sondern läuft ebenso gut mit bleifreiem

„ANREICHERUNG"...

Schwermetalle aus Industrie- und Autoabgasen reichern sich im Boden, in Pflanzen, Tieren und in uns an.

Benzin. Seit es eingeführt wurde, ist die Bleibelastung in der Umgebung der Straßen zurückgegangen. Aber noch immer wird verbleiter Kraftstoff völlig unnötig in beträchtlichen Mengen getankt.

Von den Pflanzen wird das Blei über die Wurzeln aus dem Boden und über die Blätter unmittelbar aus der Luft aufgenommen. Blattgemüse mit einer großen Oberfläche ist daher besonders belastet. Weniger belastet als das Gemüse ist im allgemeinen das Obst. Da wir aber doppelt so viel Obst wie Gemüse essen, führen wir uns mit dem Obst eine größere Bleimenge zu. Tiere nehmen das Blei hauptsächlich über die Futterpflanzen auf und lagern es vor allem in Leber und Niere ab. Im menschlichen Körper kann das Blei die Bildung von roten Blutkörperchen beeinträchtigen und – vor allem bei Kindern – das Nervensystem und die Gehirnfunktion schädigen.

Das Quecksilber

Quecksilber wird überwiegend in der chemischen Industrie als Hilfsmittel zur Produktion von Chlor verwendet. Außerdem dient es zur Herstellung von Schädlingsbekämpfungsmitteln. Es findet sich aber auch in Leuchtstoffröhren, Schutzfarben (insbesondere in solchen gegen Schimmel), Thermometern, Barometern und Zahnfüllungen. Ein großer Teil wird für die Knopfzellen-Batterien von Uhren, Taschenrechnern, Kameras und ähnlichem gebraucht.

Worden solche Gegenstände in den Abfalleimer geworfen, so landen sie zunächst in der Müllverbrennungsanlage oder auf einer Hausmülldeponie. Aber wir erhalten das Quecksilber wieder zurück!

Wenn die Abfälle in einer Müllverbrennungsanlage verbrannt werden, steigt ein großer Teil des Quecksilbers mit den Verbrennungsgasen auf und entweicht durch den Schornstein in die Luft. Weil Quecksilber schwer ist, sinkt es bald nieder und gelangt auf den Boden. In einer Mülldeponie zersetzen sich die quecksilberhaltigen Gegenstände und geben das Quecksilber frei. Mit den Sickerwässern aus der Deponie kommt es auch auf diesem Weg in den Boden. Durch quecksilberhaltige Klärschlämme wird der Boden am meisten belastet. Denn beim Verarbeiten von Quecksilber fallen mit diesem Schwermetall belastete Abwässer an. Ein Teil davon wird in der Kläranlage zwar aus dem Wasser entfernt, ist aber damit nicht verschwunden. Wie andere Schwermetalle auch bleibt Quecksilber in den Klärschlämmen zurück, die früher bedenkenlos als Dünger auf die Felder ausgebracht wurden. Heute regeln Verordnungen, bis zu welchen Schwermetallgehalten der Schlamm noch als Dünger verwertet werden kann. Bei höheren Konzentrationen muß er auf Sondermülldeponien gelagert werden.

Ähnlich wie beim Blei nehmen die Pflanzen das Quecksilber aus dem Boden und aus der Luft auf. Dabei zeigen einige Salate eine besonders hohe Quecksilberaufnahme. Bei Getreide, Hackfrüchten und Wurzelgemüsen sind die Belastungen durch Quecksilber für die menschliche Ernährung nicht so bedrohlich. Denn im Getreidekorn und in den Wurzeln konzentriert sich Quecksilber nicht in dem Maße wie in Blättern und Stengeln.

Tiere speichern Quecksilber in Niere und Leber. Fische und andere Wassertiere nehmen es auch über die Haut auf und können – je nach Art – hoch belastet sein.

Quecksilberverbindungen sind starke Gifte. Insbesondere dann, wenn sich das Metall mit organischen, also körperähnlichen Substanzen verbindet und sogenannte Organo-Quecksilber bildet, wird es nahezu vollständig von unserem Körper aufgenommen. Es lagert sich vorwiegend im Gehirn ab und schädigt die Nerven. In höherer Konzentration beeinträchtigt es die Funktion der Nieren und kann bei langer Einwirkung das Knochenskelett angreifen.

Besonders giftig sind Quecksilberdämpfe. Wenn zum Beispiel ein Thermometer zerbricht, kann das flüssige Quecksilber auslaufen. Die Quecksilberkügelchen müssen sorgfältig aufgesucht werden, weil sie sonst für lange Zeit die gefährlichen Dämpfe in den Raum abgeben. Stoffe wie z. B. Schwefelblüte binden das Quecksilber. Man sollte in jedem Fall in einer Apotheke oder über das Umwelttelefon um Rat fragen, wenn Quecksilber ausgelaufen ist.

Das Cadmium

Cadmium ist noch gefährlicher als Blei oder Quecksilber. Es ist giftig für Mensch und Tier. In der Industrie wird es vielseitig verwendet, so daß es auf vielen Wegen in die Umwelt und damit in den Boden gelangen kann. Etwa ein Drittel des verarbeiteten Cadmiums wird zum Färben von Kunststoffen, Glas, Glasuren und Lacken verwendet. Cadmium liefert vor allem in Verbindung mit Sauerstoff leuchtende gelbe und rote Farbstoffe, die lichtecht, temperaturbeständig und dauerhaft sind. Schüsseln, Becher, Kinderspielzeug, Kugelschreiber, lackierte Bleistifte und viele andere farbenfrohe Gegenstände enthalten es. So ist das „Bleistiftkauen" nicht etwa gefährlich wegen des Bleis – das ist in der Mine gar nicht mehr enthalten –, sondern wegen der Lackierung. Gleiches gilt auch für die farbigen Plastikgehäuse anderer Schreibstifte.

Ein großer Teil des Cadmiums wird Kunststoffen mit der Bezeichnung PVC (Polyvenylchlorid) als Stabilisator zugegeben. Es verhindert ein Sprödewerden und Altern dieses häufig gebrauchten Kunststoffes, aus dem vom Gartenschlauch bis hin zu Fußbodenplatten so ziemlich alles hergestellt wird.

Ein Überzug aus Cadmium verhindert, daß Metalle rosten oder von Chemikalien angegriffen werden. Durch diese „Cadmierung" wird das Abwasser mit dem giftigen Schwermetall stark belastet. Dieses Verfahren wird heute jedoch schon oft durch ein anderes ersetzt. Statt Cadmium wird das ungiftige Zink benutzt. Teilweise läßt sich Cadmium auch durch Aluminium ersetzen. Werden statt Cadmium andere Metalle als Überzug gegen Rost verwendet, so hat das einen weiteren Vorteil: Verwendet man Metalle wie z. B. Eisen wieder, indem man alte Autokarosserien und anderen Schrott einschmilzt, dann gelangt dabei kein Cadmium mehr in die Luft.

Cadmium wird zunehmend als Bestandteil von Batterien verwendet, insbesondere für die wieder aufladbaren „Minizellen". Neuerdings wird es in Autobatterien eingesetzt. Cadmium ist auch Bestandteil niedrig schmelzender Lötzinne und findet sich so zum Beispiel in der Lötnaht von Konservendosen. In Gummi ist Cadmium ebenfalls enthalten, da es dem Zink beigemischt ist, das zur Vulkanisation gebraucht wird. Über den Abrieb der Autoreifen kommt es in die Umwelt. In Mineralöl, Kohle und Phosphatdünger wird Cadmium zwar nicht gebraucht, es ist aber als „natürlicher" Bestandteil darin enthalten. Bei der Düngung mit Phosphat sickert es in beträchtlichen Mengen unmittelbar in den Boden. Ein anderer Weg führt über die Abgase von Müllverbrennungsanlagen und Kraftwerken. Die Rauchgasfilter halten das Schwermetall nur zu einem Teil zurück.

Mit den Sickerwässern aus Deponien gelangen Schwermetalle in die Erde.

Über die Luft fällt es auf den Boden zurück. Auch über das Abwasser gelangt Cadmium wieder in die Umwelt. So belastet es den Klärschlamm und die Flüsse. In den Flüssen setzt es sich im Flußbett ab und kann bei Hochwasser aufgewirbelt und auf die Felder getragen werden. Dann heißt es auch hier: Endstation Boden. Dort zeigt sich das Cadmium beweglicher als die übrigen Schwermetalle. Es verteilt sich schneller, und ein Teil steigt mit dem Saftstrom durch die Wurzeln in alle Pflanzenteile auf.

Pilze, Salat und Spinat nehmen Cadmium besonders intensiv auf. Bei den Tieren reichert es sich (wie andere Schwermetalle auch) insbesondere in Leber und Nieren an. Steigt durch den sauren Regen der Säuregehalt des Bodens an, so erhöht sich die Be-

weglichkeit des Cadmiums beträchtlich: es löst sich dann leichter im Wasser. So kann die Gefährlichkeit einer Umweltbelastung (hier: saurer Regen) erheblich wachsen. Diese zusätzliche Gefahr durch das Zusammenwirken von Schadstoffen läßt sich nur schwer voraussehen und abschätzen.

Heute ist Cadmium in nahezu allen Lebensmitteln nachzuweisen. Höhere Konzentrationen erreichen dabei Blattgemüse, Wildpilze, Innereien von Tieren und Muscheln. Auch im Tabak ist es enthalten und wird beim Rauchen über die Lunge aufgenommen. Bei etwa zwei Schachteln Zigaretten pro Tag erhöhen Raucher ihre Cadmiumaufnahme gegenüber Nichtrauchern auf das Doppelte. Dabei werden auch Passivraucher belastet, also auch die Men-

Schwermetalle in Nahrungsmitteln

	Blei	Cadmium	Queck-silber	Verzehr in kg/Jahr
Gemüse und Gemüseprodukte	26,0	10,3	1,6	52,8
Pilze	2,2	6,9	5,3	2,4
Obst und Obstprodukte	35,3	8,6	5,3	91,8
Getreide (ohne Brot)	2,8	7,7	1,9	22,6
Brot	2,2	9,0	10,4	57,9
Kartoffeln und Kartoffelprodukte	4,6	14,3	3,5	61,4
Zucker	3,6	9,5	10,4	35,6
Wein	3,4	0,9	0	23,4
Bier	5,4	4,7	2,1	150,8
Pflanzliche Fette und Öle	1,6	1,7	2,7	15,7
Pflanzliche Produkte, Summe	87,1	73,6	43,2	
Milch und Milchprodukte	5,0	5,6	13,6	92,3
Fleisch (ohne Geflügel)	4,8	11,6	23,1	68,1
Leber	0,6	2,8	1,1	2,4
Geflügelfleisch	0,2	0,2	0,5	9,1
Wild	0,1	0,2	0,3	0,42
Eier	1,0	3,0	3,2	17,1
Tierische Produkte, Summe	11,7	23,4	41,8	
Seefische	0,6	1,5	11,2	3,8
Krusten-, Schalen-, Weichtiere	0,4	1,3	0,3	0,4
Süßwasserfische	0,2	0,2	0,5	0,0
Fische, Summe	1,2	3,0	15,0	

Nach: Bundesamt für Ernährung und Forstwirtschaft

schen, die als Nichtraucher mit Rauchern zusammen arbeiten und leben.

Beim Menschen sammelt sich (wie auch bei Tieren) Cadmium hauptsächlich in den Nieren und der Leber. Das sind die Entgiftungsorgane unseres Körpers. Sie wirken wie eine Art Filter. Während die Leber weniger empfindlich ist, werden die Nieren ab einer bestimmten Konzentration in ihrer Funktion gestört und auf Dauer geschädigt. Anzeichen dafür ist eine vermehrte Eiweißausscheidung.

Was kann man tun?

Nichts mehr zu essen, wäre natürlich falsch . . . Die Belastung durch Schwermetalle ist bei den meisten Lebensmitteln um mehr als die Hälfte niedriger, als es die Richtwerte der Weltgesundheitsorganisation zulassen. (Über die Höhe dieser Werte kann man sich allerdings streiten.) Aber Vorsicht und vorbeugende Maßnahmen sind notwendig.

- Man sollte auf jeden Fall eine einseitige Ernährung mit hochbelasteten Nahrungsmitteln wie Wildpilzen, Innereien und belasteten Fischarten (weißer Heilbutt, Thunfisch, Aale aus küstennahen Gewässern und Mündungsgebieten sowie Muscheln) vermeiden. Verbraucherzentralen und Umweltschutzverbände verschicken auf Anfrage Broschüren, in denen der Schwermetallgehalt von Lebensmitteln angegeben wird.
- Durch das Waschen und Schälen von Obst und Gemüse kann zumindest der Blei- und Quecksilbergehalt auf weniger als die Hälfte verringert werden.
- Nichtrauchen vermindert die Aufnahme von Cadmium.
- Batterien und Leuchtstoffröhren gehören nicht in den Müll, sondern sollten unbedingt an die Geschäfte, in denen sie gekauft wurden, zurückgegeben oder zu einer Sondermüllsammelstelle gebracht werden.

- Auf den Kauf roter und gelber leuchtender Plastikprodukte und von Gegenständen aus PVC sollte man so weit wie möglich verzichten.
- Man sollte, wenn möglich, bleifreies Benzin tanken.

Die beste Lösung wäre es natürlich, die Schwermetalle erst gar nicht in die Umwelt gelangen zu lassen. In der Industrie sollten sie durch ungefährlichere Stoffe ersetzt werden. Wo das nicht möglich ist, müssen Abgase und Abwässer besser als bisher gereinigt werden. Eine verstärkte Rückgewinnung der Schwermetalle würde den Boden weiter entlasten. Sicher wäre es dabei auch hilfreich, wenn schwermetallhaltige Produkte entsprechend gekennzeichnet wären. Der belastete Randbereich vielbefahrener Straßen sollte landwirtschaftlich nicht genutzt werden. Außerdem ist es an der Zeit, daß der Staat als Gesetzgeber verbindliche Höchstmengen für den Schwermetallgehalt in Lebensmitteln festlegt. Erst dann kann auch die Lebensmittelüberwachung tätig werden und zu beanstandende Nahrungsmittel einziehen.

Daß all das noch nicht passiert ist, liegt daran, daß man dem Boden die Vergiftung und Belastung nicht ansieht. Der Boden ist geduldig. Über viele Umweltsünden wächst zunächst buchstäblich Gras. Aber schon heute hat der Boden als Deponie für unseren Müll und Dreck seine Grenzen erreicht. Vielerorts wurde diese Grenze bereits überschritten. Etwa der zwölfte Teil der Bodenfläche der Bundesrepublik muß heute schon als vergiftet betrachtet werden. Er kann, vor allem zum Anbau von Nahrungsmitteln, nicht mehr genutzt werden. Und bis heute gibt es noch kein Verfahren, Böden wieder zu reinigen. Dieser Boden, der pflanzliche und tierische Abfälle vollständig abbaut, umwandelt und für neues Wachsen bereitstellt, ist auf die von uns produzierten Abfälle nicht eingerichtet. Wieder einmal sind w i r es, die einen perfekten Kreislauf zerstören! Der Trick mit dem doppelten Boden, den wir gleichzeitig belasten und nutzen wollen, funktioniert nicht. Mit dieser dünnen Schicht sollten wir behutsam umgehen.
Wir leben davon.

Hecken

Burckhard Mönter

Als doppelten Waldrand ohne Wald – so könnte man sie auch bezeichnen, die Feldhecken. Die Bäume, Sträucher, Gräser und Kräuter der Hecken sind häufig die gleichen, die man auch am Waldrand antrifft. Aber die Hecken sind keine Überreste der früheren Wälder. Hecken gehören zu der von Menschen geschaffenen Landschaft. Sie wurden angelegt, als es die Felder und Wiesen schon gab.

Zunächst dienten sie als „lebende Zäune", um das Vieh auf den Weiden zu „um-hegen". Mit der Zeit wurden sie immer dichter, weil man die Zweige der Heckensträucher miteinander verflocht und abknickte – daher auch der in Norddeutschland gebräuchliche Name „Knick". Später pflanzte man Hecken, um die Felder zu begrenzen.

In einigen Gegenden sind Hecken auf Befehl der Obrigkeit angelegt worden. So ordnete gegen Ende des 18. Jahrhunderts Christian VII. von Dänemark in Norddeutschland an, daß jeder Bauer sein Grundstück mit Gehölz aus dem Wald „einkoppeln" (umpflanzen) sollte. Das sollte die Felder vor allem gegen Wind schützen. So überzog Norddeutschland bald ein dichtes Netz von sog. Wallhecken. Laut der Anordnung sollte nämlich rechts und links der Grenze Erde ausgeschaufelt und in der Mitte zu einem Wall aufgehäuft werden.

In anderen Gegenden wurden Hecken nicht absichtlich geplant, sondern entstanden von selbst. Man duldete die Sträucher und Büsche, die sich an Böschungen, Weg- und Feldrändern von allein ansiedelten.

Im Süddeutschen Raum entstand auf diese Weise die sogenannte Lesesteinhecke. Die von den Äckern aufgelesenen Steine legte man nämlich am Feldrand ab und ließ auf diesem nicht nutzbaren Streifen das Wachsen der Sträucher und Büsche zu.

Als für die moderne, intensive Landwirtschaft die einzelnen Felder maschinengerecht und großflächig zusammengefaßt wurden, störten die Hecken. Ein großer Teil fiel so der Flurbereinigung zum Opfer (vgl. Kapitel „Landwirtschaft"). Erst als die Hecken nicht mehr vorhanden waren, wurden ihre Bedeutung und ihr Wert für die Ackerflächen deutlich. Im Herbst und im Frühjahr beobachtete man auf den kahlen Feldern, wie Staubwolken aufwirbelten und verwehten. Die Hecken brachen den Wind nicht mehr. Die jetzt großen freien Flächen waren ihm ungeschützt ausgesetzt. Der Boden trocknete aus, die wertvolle Bodenkrume zerfiel und wurde davongetragen. Die Hecken bremsten nach heftigen Regenfällen auch das Wasser nicht mehr, das so den Boden abschwemmen konnte. Auch weitere günstige Auswirkungen, die die Hecken auf das Kleinklima der Umgebung ausüben, fehlten:

- Hecken verhindern ein Absenken der Bodentemperatur, indem sie die Ausbreitung bodennaher Kaltluft unterbinden.
- Sie halten das Regenwasser fest, nehmen Bodenwasser auf und geben beides allmählich an ihre Umgebung ab.
- Damit verstärken sie die Taubildung und verhindern auch in regenarmer Zeit, daß der umliegende Boden austrocknet.

Hecken haben noch eine weitere entscheidende Bedeutung für die Landwirtschaft. Auf von Hecken geschützten Äckern breiten sich Pflanzenschädlinge weniger stark aus. Hecken gehören zu den sehr artenreichen Lebensräumen. Eine Hecke kann über tausend unterschiedliche Tierarten beherbergen. Darunter sind viele Arten, die sich ihre Beutetiere auf den umliegenden Feldern suchen. Dies gilt vor allem für die Insektenfresser unter den Vögeln. Die Goldammer, ein typischer Heckenbewohner, fängt zum Beispiel zur Brutzeit täglich ein Mehrfaches ihres

Heufalter

Kohlschnake

Feldahorn

Hainbüche

Margerite

Hummel

Hirtentäschelkraut

Distelfalter

Klatschmohn

Kaninchen

Löwenzahn

Rebhuhn

Wegwarte

Borretsch

Grasfrosch

Larve

Kartoffelkäfer

Feldmaus

Ohrwürm

Marien-
käfer

Weißdorn

Schlüpf-
wespe

Schlüpfwespe

Goldammer

Wiesenkerbel

Flockenblume

Rosen-Blattlaus

Eierpaket
des Marienkäfers

Heckenrose

Brombeere

Rote Keulenschrecke

Scheinbock

Goldlaufkäfer

Hain-Schnirkel-
Schnecke

Saat-
Schnellkäfer

Körpergewichtes an Insekten. Räuberische Laufkäfer vertilgen Kartoffelkäferlarven, Engerlinge, Ackerschnecken und vieles mehr. Marienkäfer fressen Blatt- und Schildläuse in großen Mengen, und zahlreiche Schlupfwespen legen ihre Eier in Schadinsekten ab, die ihren Jungen später als Nahrung dienen. Als Waldrand ohne Wald bieten die Hecken mit ihren beidseitigen Saum- und Mantelzonen und ihrem Kernbereich einer Vielzahl von Tieren Lebensbedingungen, die in der Feldlandschaft ohne Hecken sonst nicht vorhanden wären. Die Hecken sind Stützpunkte, Nist- und Schlafplätze, Aussichts- und Spähwarten, Zufluchtsorte, Winterquartiere, Rückzugsgebiete bei der Störung durch die Feldbestellung, Schutzgebiete vor den Landmaschinen und bieten Deckung vor natürlichen Feinden.

Eine ähnliche Bedeutung haben auch die Feldraine, jene schmalen Streifen zwischen Äckern und Wegen bzw. Gräben, die einen großen Teil des Jahres über grünen und blühen. Ihre Ackerwildkräuter und Gräser sind für viele Tiere wichtige Nahrungsquellen. Blütenbesuchende Insekten brauchen zum Beispiel dieses auf das Jahr verteilte Blütenangebot der Wildkräuter, da die Kulturpflanzen fast ausschließlich im Frühjahr und im Frühsommer blühen. Werden die Raine mit untergepflügt, um auch noch diesen Boden zu nutzen, oder werden die Kräuter beim Spritzen von Unkrautvertilgungsmitteln mit vernichtet, verschwinden auch die Insekten. Sie fallen damit aber auch für die notwendige Bestäubung der Kulturpflanzen aus. Für viele Schmetterlinge sind die Feldraine heute lebenswichtig, da die Pflanzen, auf die sie als Raupen angewiesen sind, sonst kaum noch zu finden sind. Nicht zuletzt stellen die Raine auch ein Refugium für Bodentiere wie den Regenwurm dar, der von hier aus weiteren Boden „erarbeiten" kann.

Hecken und Raine sind viel mehr als nur Büsche und Sträucher oder Kräuter und Gräser. Sie bilden einen reichhaltigen Lebensraum in einer ansonsten artenarmen Feldlandschaft. Sie tragen dazu bei, ein natürliches Gleichgewicht zwischen den Lebewesen herzustellen und zu erhalten. Sie sind die Lebensadern einer Feldlandschaft.

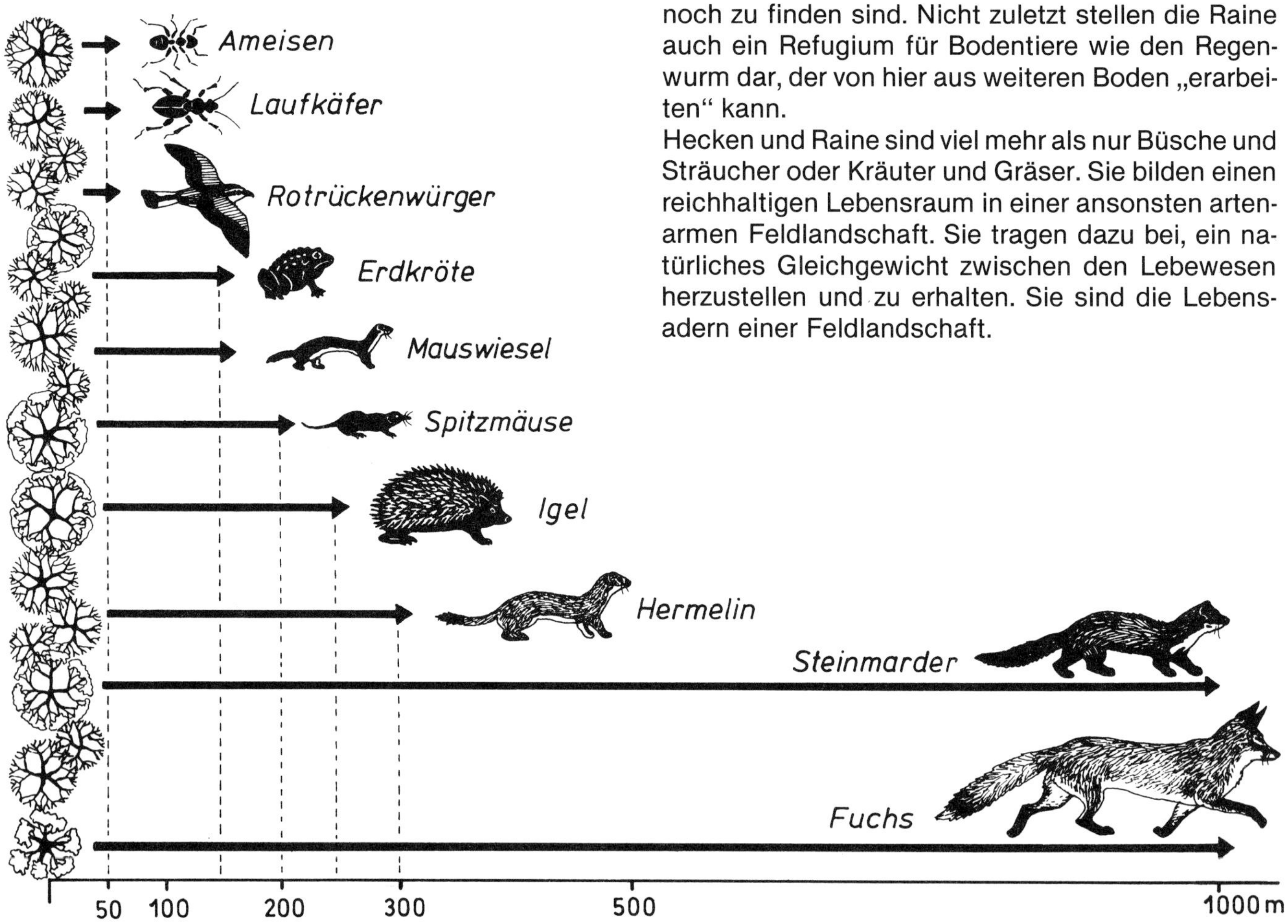

Ameisen

Laufkäfer

Rotrückenwürger

Erdkröte

Mauswiesel

Spitzmäuse

Igel

Hermelin

Steinmarder

Fuchs

50 100 200 300 500 1000 m

Die Hecke ist Stützpunkt für viele Tiere.

Landwirtschaft

Renate Marel

Die Landwirtschaft versorgt den Menschen mit dem, was er neben Luft und Wasser am dringendsten zum Leben braucht: mit Nahrung. Und wo viele Menschen leben, muß viel Nahrung produziert werden. Das geht am besten, wenn der Landwirt Maschinen einsetzen kann, wenn er große, zusammenhängende Produktionsflächen bearbeiten kann, wenn die Zufahrtswege nicht zu lang sind. Kleine Felder, Hecken, Hügel sind zwar schön für's Auge, aber äußerst unwirtschaftlich.

So kann man denken. Doch die Gestalt unserer Agrarlandschaft, die ja große Teile dessen, was wir „Landschaft" nennen, ausmacht, ist nur ein Ergebnis – das am deutlichsten sichtbare – der Entwicklung der modernen Landwirtschaft, die letzten Endes zur Zerstörung des wichtigsten Produktionsfaktors, unseres Bodens, führen kann.

Landwirtschaft früher – Landwirtschaft heute

Jahrhunderte, eigentlich Jahrtausende lang bedeutete Bauernarbeit Mühsal und Plage, körperliche Schwerarbeit und materielle Unsicherheit. Auch heutzutage macht ein Hof trotz aller Technik viel Arbeit, und ein Bauer kann selten Urlaub machen. Aber dank Wissenschaft und Technik hat sich seine Arbeit sehr verändert. Schauen wir uns einmal an, wie ein Hof im Mittelalter aussah und was der Bauer alles zu tun hatte. So weit von unserer Zeit entfernt ist das gar nicht, denn bis vor einigen Jahrzehnten gab es zwischen einem landwirtschaftlichen Betrieb der Jetztzeit und einem mittelalterlichen Hof keine so großen Unterschiede. Die meisten Gerätschaften, die es im Mittelalter gab oder die im Mittelalter entwickelt wurden, benutzten die meisten Bauern noch vor 30 Jahren. Zum Beispiel verdrängten Traktoren Pferde und Ochsen auch erst vor rund 30 Jahren endgültig als Zugtiere.

Landarbeit im Mittelalter

Der Bauer im Mittelalter war Selbstversorger. Alles, was er zum Leben brauchte, mit Ausnahme von Werkzeugen und Geräten aus Eisen, konnte er selber herstellen. Und alles wurde verwertet. Eine Kuh hielt er sich z. B. nicht nur für die Milch- oder die Fleischproduktion; die Haut wurde gegerbt und zu Schuhen verarbeitet, die Hörner zerstoßen als Dünger verwendet. Bäume wurden zu Bauholz und Brennholz, die Rinde zum Gerben verwendet usw.

Große Felder – gut zu bearbeiten. Dennoch: Landarbeit ist schwere Arbeit.

Den Hauptanteil der Ernte erhielt der Grundherr. Überschüsse verkaufte der Bauer auf dem Markt. Alle Nicht-Bauern, die Städter, die Handwerker, die Beamten, waren von der Arbeit der Bauern abhängig. Mißernten hatten verheerende Hungersnöte zur Folge, wie man in Geschichtsbüchern und Chroniken immer wieder nachlesen kann. Es gab noch keine Vorratswirtschaft, weil nicht genug produziert wurde und die Lagermöglichkeiten zu schlecht waren. Butterberge oder Milchseen gab es nur im Märchen. Davon konnten die Menschen im Mittelalter nur träumen.

Der Bauer beschränkte sich nicht darauf, nur ein Produkt herzustellen. Er hatte Kühe, Ziegen, Schafe, Pferde und Schweine im Stall, Gänse und Hühner ebenso; auf seinen Äckern wuchsen Getreide, Rüben und Bohnen; im Garten zog er Gemüse. Außerdem besaß er meistens noch ein Stück Wald oder konnte mit anderen im Dorf den Gemeindewald nutzen. Nicht alle Bauern besaßen gleich viel, die meisten hatten von allem gerade genug, um zu überleben und bescheidene Überschüsse zu erwirtschaften.

Im Schweiße deines Angesichts . . .

Viele Arbeitsgänge waren notwendig, um den Weizen für's tägliche Brot zu bekommen.

Zunächst mußte ein Stück Wald gerodet werden. Die Durchschnittsgröße eines Ackers war ungefähr ein halbes bis ganzes Fußballfeld. Die Bäume fällte man mit Äxten, ebenso die kleineren Büsche, dann wurden die Wurzeln ausgegraben oder mit Zugtieren aus dem Boden gezogen. Anschließend mußte die ganze Fläche erst einmal mit dem Spaten umgegraben werden. Dann konnte der Bauer pflügen.

Die Erfindung des Pfluges, wie wir ihn heute kennen, mit Pflugschar und Streichbrett, war eine wichtige Neuerung im Mittelalter. Man konnte damit die Erde tiefer umgraben als mit dem vorher gebräuchlichen Hakenpflug. Nach dem Pflügen wurde der Boden geeggt, um die Krume feiner zu machen. Oder er wurde „von Hand" feingehackt.

Ein weiterer Gang über das Feld: das Getreide wird ausgesät. Nach diesem Arbeitsgang konnte der Bauer nur hoffen, daß weder Unwetter, Dürre oder Regenfälle, noch Vögel oder Schädlinge seine Frucht verderben würden.

Auch die Ernte war ein langwieriges Geschäft. Das Getreide wurde mit Sicheln abgeschnitten, den Rest der Halme ließ man stehen. Dann wurde der Acker zur Viehweide. Anschließend pflügte der Bauer Stroh und Mist unter. Das Getreide band man in Garben zusammen, die auf dem Feld noch trockneten.

Mit hölzernen Dreschflegeln wurde dann das Korn aus den Ähren herausgedroschen, und mit einem großen Getreidesieb wurde die „Spreu vom Weizen" getrennt. Eine Menge Arbeit. Und sie konnte durch einen einzigen heftigen Hagelschauer zunichte gemacht werden.

Die Bauern im Mittelalter hatten ständig Angst, Hunger leiden zu müssen. Denn sie waren vollkommen von der Natur abhängig. Sie hatten auch keine Möglichkeit einzugreifen, wenn Schädlinge sich über ihre Felder hermachten. Das Mutterkorn z. B. – ein Pilz, der aussieht wie ein schwarzes, übergroßes Korn – war einer der gefürchtetsten pflanzlichen Schädlinge. Es gelangte über das Mehl ins Brot. Das Mutterkorn ist hochgiftig und verursachte furchtbare Krankheiten.

Wenn man sich dies alles vor Augen hält, kann man sich gut vorstellen, daß die bäuerliche Arbeit dringend durch Einsatz von Maschinen und der Chemie erleichtert werden mußte, denn im Laufe der Zeit mußten immer mehr Menschen ernährt werden. Und das zuverlässig.

- Maschinen wurden erfunden, um die bäuerliche Arbeit zu erleichtern und eine schnellere Bewirtschaftung möglich zu machen.
- Dünger wurde erfunden, um die Erträge zu steigern.
- Chemikalien wurden entwickelt, um tierische und pflanzliche Schädlinge zu bekämpfen.
- Man brauchte technische und chemische Hilfsmittel, um vom Wetter unabhängiger zu werden.

Seit rund 150 Jahren hat man versucht, die Landwirtschaft immer mehr zu technisieren, um die Natur „in den Griff zu bekommen". Und trotz weitreichender Verbesserungen veränderte sich bis vor wenigen Jahrzehnten zumindest in Europa nicht viel: Die Höfe waren relativ klein, die Bauern bauten verschiedene Produkte im Wechsel an und hatten meistens verschiedene Tiere im Stall.

Der moderne „Industrie"-Hof

Heute wird die Erzeugung von Nahrungsmitteln eher wie in einem Industriebetrieb organisiert: modernste Technik, wo man hinschaut.

Der Bauer hat sich spezialisiert. Entweder baut er Getreide o d e r Rüben o d e r Kartoffeln an, oder er hat Obstplantagen, o d e r er züchtet Vieh für die Milch- und Fleischproduktion (Rinder, Schweine, Hühner). Ihm stehen alle technischen Hilfsmittel zur Verfügung: Maschinen – von der Sämaschine bis zur Erntemaschine, für jedes Anbauprodukt spezielle Geräte. Es gibt vollautomatische Melkstände, Fütterungsanlagen usw.

Erntebilder aus dem „Jungfrauenspiegel" (spätes 11. Jahrhundert).

Die Chemie liefert Dünger und Schädlingsbekämpfungsmittel für jede Pflanze, für jedes Wachstumsstadium, für jeden Schädling. Und Spezialfutter für die Tiere. Die Wissenschaft züchtet Pflanzen, die höhere Erträge bringen oder gegen Krankheiten resistent sind, sie züchtet Schweine mit mehr Rippen und mehr Fleisch.

Der Bauer von heute beherrscht die Natur. Aber ist er wirklich von ihr unabhängig? Kann er Tiere, Pflanzen und den Boden unbegrenzt ausnutzen?

Probleme der modernen Landwirtschaft

Problem 1: Viel Dünger hilft viel?

Der Boden ist der wertvollste Besitz des Bauern. Denn auf ihm wächst alles. Nicht nur das Getreide oder die Kartoffeln, auch das Gras für die Kühe – und die Bäume, die Obst oder Holz liefern. Jahrhundertelang wußte der Bauer, daß er seinen Boden pflegen muß, um seine Lebensgrundlage zu erhalten.

Der natürliche Kreislauf sieht so aus: Die Pflanze entzieht dem Boden Nährstoffe, die sie für ihr Wachstum braucht. Wenn die Pflanze stirbt und vermodert, gibt sie dem Boden die Nährstoffe wieder zurück. So geschieht das im Wald oder auf einer Wiese, wo viele verschiedene Pflanzen wachsen und niemand eingreift. Diesen Kreislauf unterbricht der Bauer, denn die Pflanzen werden geerntet und abtransportiert. Außerdem wächst auf e i n e m Acker nur e i n e Pflanzensorte, die dem Boden e i n seitig Nährstoffe entzieht. Es ist also Kein Wunder, wenn Felder, auf denen viele Jahre lang das gleiche angebaut wurde, mit der Zeit immer weniger Erträge bringen. Im Mittelalter ha der Bauer diesen Kreislauf wieder geschlossen. Er betrieb die sogenannte DREI-FELDER-WIRTSCHAFT.

Auf einem Teil der Ackerfläche wurde Wintergetreide angebaut, auf einem Teil Sommergetreide, und ein Teil lag brach oder wurde mit Bohnen und Futterpflanzen für das Vieh bebaut. Auf dem Brachland ließ man das Vieh weiden, und so wurde dieses Feld zusätzlich mit dem Viehmist gedüngt.

Im folgenden Jahr wechselte der Anbau: wo Wintergetreide stand, wuchs jetzt Sommergetreide, usw. So konnte sich ein Teil des Bodens „ausruhen". Den anderen Teilen wurden die Nährstoffe nicht einseitig entzogen. Der Nachteil dieser Wirtschaftsform war, daß der Bauer auf seinem Hof alles haben mußte: Ackerbau u n d Viehzucht. Das bedeutete viel Arbeit. Und ein Drittel des Bodens war Viehweide, also nur indirekt von Nutzen.

Spätestens seit dem 18. Jahrhundert reichte die Ernte, die diese Anbaumethode hervorbrachte, nicht mehr aus, um alle zu ernähren. Die Bevölkerungszahl stieg stark an. Es gab in vielen Gebieten Hungersnöte.

Zwei Bauern erklären, warum sie Heu gestohlen haben:
„Wir sterben für (vor) Hunger; dies ist schon die dritte Nacht, daß wir hierher gekommen sind, und ihn zu stillen suchen. Wir gestehen, daß wir allezeit ein wenig von diesem Heu mitgenommen, welches wir, um etwas zu essen zu haben, kochen ließen ..."
(Vossische Zeitung, Berlin 1771)

Und 1772 berichtet ein Pfarrer von der Not auf dem Land:

„Viele Häuser, die ausgestorben waren, sind von ihren Nachbarn eingerissen, und das Holz verbrannt worden, um ihr und ihrer Kinder Leben auf einige Tage zu fristen ... Viele wissen über keine Krankheit und Schmerzen zu klagen, aber geschwollen, keuchend und ganz verschmachtet taumeln sie umher, vermutlich sind ihre Eingeweide zusammengeschrumpft ... Kinder, die in den Wald gegangen waren, um sogenannte Schwarzbeeren zu holen, (sind) auf der Straße aus Mattigkeit umgefallen und tot gefunden (worden)."
(Abel: Massenarmut und Hungerkrisen im vorindustriellen Deutschland, Göttingen 1972, S. 48)

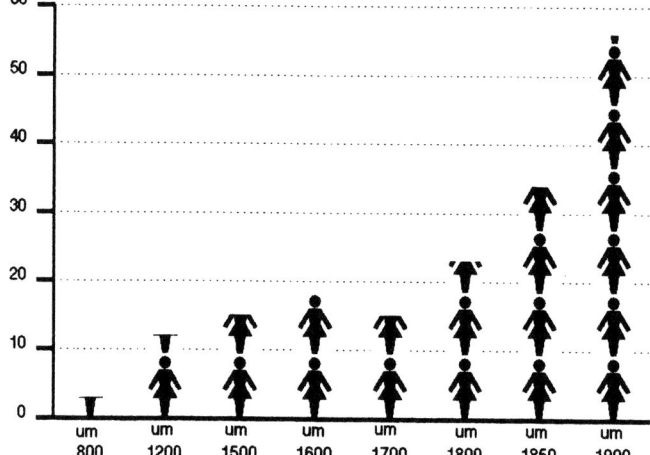

Bevölkerungsentwicklung in Deutschland (in Millionen)

Einwohner in 1000

	1800	1850	1900	1910
Berlin	172	419	1889	3730
Hamburg	130	132	706	932
München	30	110	500	595
Essen	4	9	119	295

Die Ernteerträge mußten unbedingt gesteigert werden. Mit einer Erfindung des Chemikers Justus von Liebig begann eine völlig neue Entwicklung des Ackerbaus.

Die wichtigsten Pflanzennährstoffe ließen sich künstlich herstellen. Damit konnte man sogar auf den ärmsten Böden alle Pflanzen anbauen. Der Kunstdünger war erfunden! Damit schienen alle Probleme gelöst: Die Ernten auf den künstlich gedüngten Feldern fielen immer besser aus. Bislang unfruchtbare Böden brachten gute Erträge. Die Pflanzen wuchsen kräftiger. Daraus leitet mancher Bauer ab: Viel Dünger bringt viel Ertrag. Und das ist ein folgenschwerer Irrtum.

Käthe Kollwitz zeigte die schwere Arbeit und das Elend der Landbevölkerung.

Fast alle Kunstdünger enthalten Stickstoff und Phosphate, denn diese beiden Stoffe brauchen die Pflanzen am dringendsten. Seit langem weiß man, daß ein großer Teil des Kunstdüngers vom Regen aus den obersten Bodenschichten ausgewaschen wird und in den nächsten Bach oder sogar ins Grundwasser gelangt. Das liegt daran, daß die Pflanzen den Dünger nicht schnell genug aufnehmen können – oder aber daran, daß mehr Dünger auf den Boden kommt, als die Pflanzen überhaupt brauchen.

Im Grundwasser hat das Nitrat, das im Kunstdünger enthalten ist, für uns Menschen verheerende Folgen – denn aus dem Grundwasser beziehen wir unser Trinkwasser. Nitrat ist eigentlich unschädlich. Aber es kann im menschlichen Körper zu Nitrit umgewandelt werden. Nitrit ist ein starkes Blutgift: es verbindet sich an Stelle des Sauerstoffes mit dem Blutfarbstoff und verhindert so den lebensnotwendigen Sauerstofftransport durch die Blutzellen.

Das ist vor allem für Babys und Kleinkinder lebensgefährlich. Sie bekommen „Blausucht" und ersticken innerlich.

Nitrat kann im menschlichen Körper auch zu Nitrosaminen umgebaut werden. Diese stehen im Verdacht, krebserregend zu sein.

Das Nitrat kommt nicht nur übers Trinkwasser zu uns, sondern auch direkt über die Pflanzen. Was die Pflanzen zuviel aufnehmen, wird nicht abgebaut, sondern lagert sich in ihnen ab. Und so kommt Nitrat vor allem mit Kopfsalat, Spinat, Tomaten und anderem Gemüse in unseren Körper.

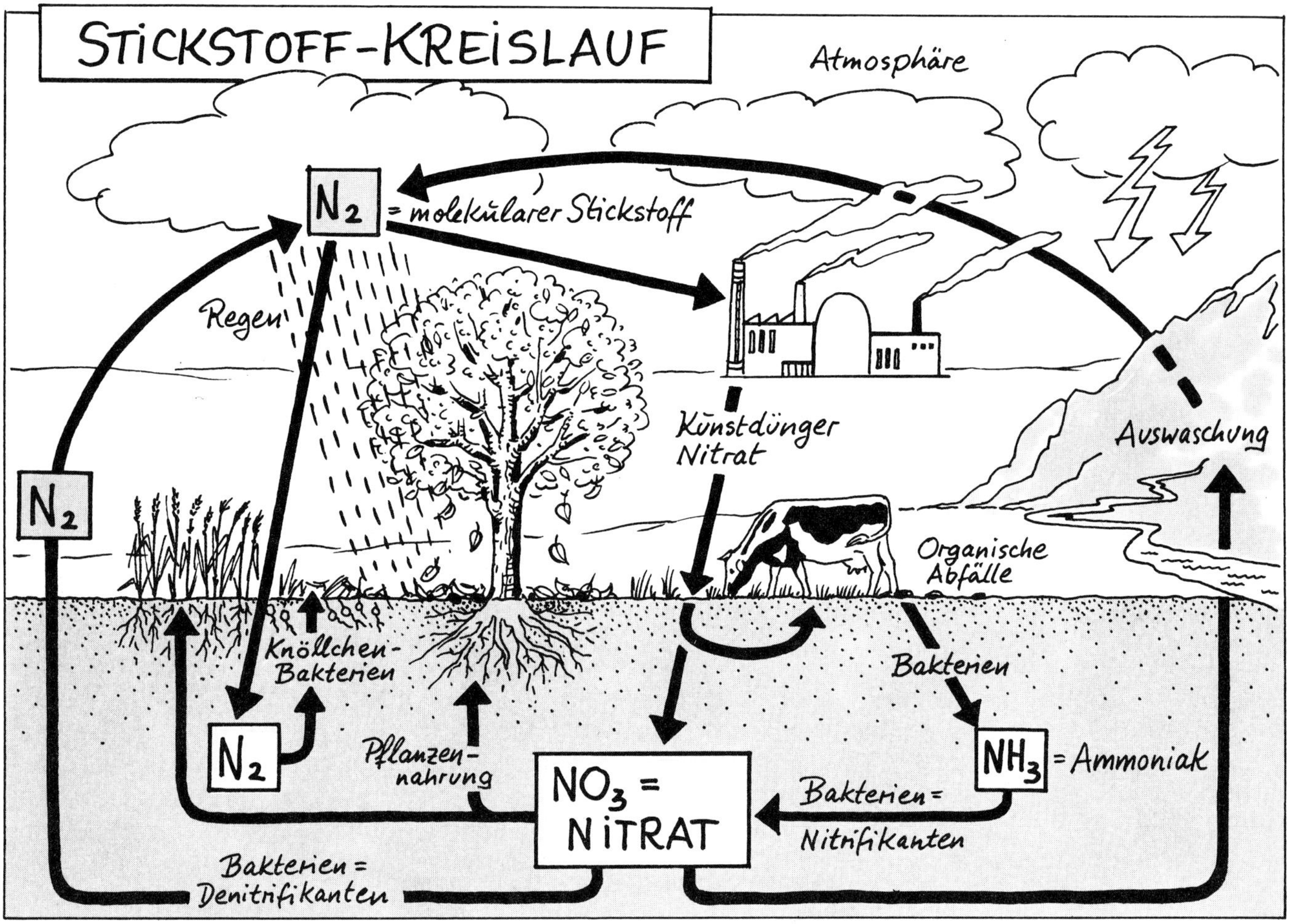

STICKSTOFF-KREISLAUF

Atmosphäre

N_2 = molekularer Stickstoff

Regen

N_2

Künstdünger
Nitrat

Auswaschung

Organische
Abfälle

Knöllchen-
Bakterien

Bakterien

N_2

Pflanzen-
nahrung

NO_3 =
NITRAT

Bakterien =
Nitrifikanten

NH_3 = Ammoniak

Bakterien =
Denitrifikanten

Eine Rübe wird gedüngt.

Der Stickstoffkreislauf

Jede Pflanze, jedes Tier, jeder Mensch besteht zu einem großen Teil aus Eiweißstoffen (= Proteinen). Eiweiße sind am Aufbau jeder Zelle beteiligt. Die Enzyme (= Fermente) in unserem Körper sind Eiweißstoffe. Auch einige Hormone gehören zu den Eiweißen. Ein Beispiel dafür ist das Insulin, dessen Mangel im Körper die Zuckerkrankheit auslöst. Neben Kohlenstoff, Sauerstoff und Wasserstoff enthalten alle Eiweiße als charakteristischen Baustein Stickstoff.

Merkwürdigerweise gibt es den Stickstoff dort am meisten, wo man ihn scheinbar am wenigsten braucht: in der Atmosphäre. Hier macht er fast 80% der Luft aus. Dort, wo er als Baustein in organische Substanz eingebaut wird – nämlich, wenn die Pflanze wächst – ist er zunächst Mangelware. Nur über einen großen Umweg gelangen die Pflanzen zu ihrem Stickstoff, aus dem sie neues, eiweißhaltiges Material aufbauen.

Und das funktioniert so: Den Stickstoff, der in der Luft im Überangebot vorhanden ist, können die meisten Pflanzen nicht direkt aufnehmen. Sie sind auf die Hilfe von mehreren Bakteriengruppen angewiesen, die ihnen den Stickstoff mundgerecht liefern. Überall dort, wo organisches Material abstirbt oder organische Abfälle anfallen (das sind z. B. abfallendes Laub, vermoderndes Holz, Kot von Tieren usw.), zerlegen Bakterien diese Abfälle weiter in kleine Bausteine. Ein solcher Baustein heißt Ammoniak (NH_3). Dieses Ammoniak wird von einer weiteren spezialisierten Bakteriengruppe im Boden zu Nitrat (NO_3) umgebaut. Deswegen heißen diese Bakterien NITRIFIKANTEN. Mit dem Nitrat ist dann eine Stickstoffverbindung hergestellt, die die Pflanzen über ihre Wurzeln aufnehmen können. Ein kleiner Kreislauf schließt sich. Die Pflanzen beziehen aus ihrem eigenen Abfall und dem von Tieren ihren lebensnotwendigen Baustein, den Stickstoff. Dieser Kreislauf funktioniert nur durch die Hilfe bestimmter Bakterien.

Leider gibt es aber im Boden noch andere Bakterien, die den Pflanzen das produzierte Nitrat streitig machen. Diese DENITRIFIKANTEN bauen einen Teil des Nitrates, das ihre Kollegen aus Ammoniak aufgebaut haben, wieder ab – zu molekularem Stickstoff, der in die Luft entweicht.

Ist der Stickstoff damit als Nährstoff für die Pflanzen ein für allemal verloren? Nein, zum Glück nicht. Unter den Pflanzen gibt es Spezialisten, die eine enge Verbindung mit Knöllchenbakterien eingegangen sind, zum gegenseitigen Nutzen (SYMBIOSE): die Pflanze liefert den Bakterien Kohlehydrate, die Bakterien, die an den Pflanzenwurzeln richtige Knöllchen bilden, versorgen die Pflanzen mit dem begehrten Stickstoff – und zwar direkt mit dem Luftstickstoff. Pflanzen mit Knöllchenbakterien müssen also ihren Stickstoff nicht auf dem Umweg über das Nitrat aufnehmen (z. B. Klee, Wicken, Luzerne).

Ein zweiter, kleiner Kreislauf hat sich geschlossen: Die Denitrifikanten bauen Nitrat zu molekularem Stickstoff um, der entweicht in die Atmosphäre und gelangt über die Knöllchenbakterien direkt wieder in den Boden bzw. in die Pflanze.

Nitrat wird außerdem noch über einen weiteren Vorgang aus dem Boden gebracht: Durch natürliche Auswaschungsvorgänge gelangt das Nitrat in die Gewässer. Hier leben ebenfalls Denitrifikanten, die Nitrat zu N_2 (molekularer Stickstoff) abbauen. Aus den Gewässern entweicht dieses dann in die Atmosphäre.

Nicht nur die Knöllchenbakterien, sondern auch die chemische Industrie kann den Luftstickstoff binden: in nitrathaltigem Kunstdünger. Den nimmt man dann, wenn keine Knöllchenbakterien oder Pflanzenreste zur Verfügung stehen.

Problem 2: Tier-„Produktion"

Die Tiere in den Fleisch-, Milch- und Eierfabriken leben meist das ganze Jahr über im Stall unter künstlichen „Optimal"-Bedingungen, eng zusammengepfercht und ohne Auslauf. Hauptsache, das Tier produziert viel Fleisch, Milch oder Eier.

Massentierhaltung: Hier werden Eier und Hühner wie in einer Fabrik „produziert". Die Lebensbedingungen der Tiere und die Qualität unserer Lebensmittel leiden darunter.

Die Tiere hat der Bauer gut unter Kontrolle. Er kann sie gezielt füttern und gegen Krankheiten, die durch die Art der Haltung entstehen, behandeln. Er kann Leistungen aus ihnen herausholen, die noch vor 30 Jahren undenkbar waren:
Eine Kuh liefert pro Jahr 10 000 l Milch, ein Mastschwein nimmt pro Tag 1 kg zu, eine Henne legt 300 Eier pro Jahr.
Doch die Qualität dieser Lebensmittel ist fragwürdig. Wir wissen inzwischen, daß Fleisch, Eier und Milch stark mit Rückständen von Medikamenten und Futtermitteln belastet sind, die uns schaden.
Das Problem der Massentierhaltung können wir nicht allein auf die Landwirte abschieben. Denn wer von uns verzichtet schon gerne auf das Fleisch zum Mittagessen? Der jährliche Fleischverbrauch ist in den letzten 30 Jahren auf das Doppelte gestiegen. Gegen die Massentierhaltung kann jeder einzelne von uns etwas tun – wenn er bereit ist, auf liebe Gewohnheiten zu verzichten.

Wohin mit dem Mist?

Früher war das kein Problem, im Gegenteil: den reichsten Bauern im Dorf erkannte man am größten Misthaufen. Der Mist wurde als Dünger dringend gebraucht. Die Ausscheidungen der Tiere, aufgefangen im Stroh, mit dem die Ställe ausgelegt waren, waren so gut wie Kompost oder vermodertes Pflanzenmaterial und verrotteten auf den Feldern zu Humus. Mist gibt es heute kaum noch, denn das Stroh ist aus den Ställen verschwunden. Aber durch die Massentierhaltung fällt bei uns heutzutage jede Menge Gülle oder Jauche an. Die „Viehbauern" können sie gar nicht gebrauchen, weil sie ja nur Tiere „produzieren".

Aber die „Ackerbauern" nehmen sie ihnen zunächst ab und düngen damit ihre Felder. Die Gülle wird als „flüssiges Gold" gerühmt, denn sie ersetzt den teuren Kunstdünger.

Die Pflanzen nehmen das in der Gülle enthaltene Nitrat auf und gedeihen. Aber sie können nur eine bestimmte Menge Dünger aufnehmen. Dann gehen die Erträge wegen „Überfütterung" zurück. Außerdem passiert hier das gleiche wie beim Kunstdünger. Was zuviel ist, fließt in Bäche und Grundwasser.

Es gibt nur eine Pflanze, die das Überangebot an Nitrat verkraftet: den Mais.

Mais läßt sich gut als Körner- und als Silofutter verwenden. Eine Lösung mit zwei Vorteilen: Der Mais wird mit der Gülle gedüngt, und dann kann man ihn wieder an das Vieh verfüttern. Aber so problemlos ist das ganze doch nicht: Mais braucht viel Wärme und kann erst spät ausgesät werden. Er bedeckt erst im

Mais verkraftet viel Nitrat.

Juni den Ackerboden und wird im November geerntet. Von November bis Juni liegt der Boden ungeschützt frei. Regen und Wind tragen ihn ab. Die Humusschicht wird so immer dünner, bis eines Tages gar nichts mehr wächst.

Außerdem vernichtet die Gülle den wichtigsten Humushersteller in der Erde: den Regenwurm. Die Gülle hat einen hohen Salzgehalt, der die Haut des Regenwurms reizt und ihn an die Oberfläche treibt. Dort stirbt er den „Lichttod", denn die ultraviolette Strahlung des Sonnenlichts zerstört seinen Blutfarbstoff.

Die „chemische Keule" oder: Nieder mit den Schädlingen!

Auf den großen Feldern, die nur mit einer Frucht bebaut sind, finden Schädlinge jeder Art ideale Lebensbedingungen und können sich ausbreiten. Den Pflanzen, die auf hohe Erträge hin gezüchtet sind und übermäßig gedüngt werden, hilft man dagegen durch Spritzen von Schädlingsbekämpfungsmitteln: INSEKTIZIDE gegen Insekten, HERBIZIDE gegen „Un"-Kräuter, FUNGIZIDE gegen Pilze.

Bei einem Weizenfeld sieht das beispielsweise so aus:

- Das Saatgut wird, bevor es überhaupt in die Erde kommt, mit Flüssigbeize gegen Pilzbefall behandelt.

- Direkt nach der Aussaat wird Unkrautvernichtungsmittel auf den Acker gespritzt. Das braucht man, denn auch Unkraut wächst gedüngt schneller und üppig.

- Der halb hochgewachsene Weizen wird mit einem

Mittel gegen Halmbruch behandelt. Die dank Düngung schnell aufschießenden Halme würden sonst von Pilzen zu Fall gebracht.

- Ein weiteres Pflanzenschutzmittel sorgt dafür, daß die Pflanzen keine Seitentriebe bilden und pro Ähre eine höhere Kornzahl erreicht wird.
- Die ausgebildeten Ähren werden mit einem Fungizid gegen Pilzbefall gesichert.

Je nach Bedarf oder auch vorbeugend werden noch verschiedene Gifte gegen alle möglichen Krankheiten gespritzt. Und meistens auch mehr als nötig nach dem Motto: Viel hilft viel! Die negativen Folgen lassen nicht auf sich warten:

- Die Rückstände der üppig gespritzten Chemikalien bleiben im Boden und in den Pflanzen. Über die Nahrung und das Trinkwasser gelangen sie direkt in unseren Körper. Und da bleiben sie erst einmal und sammeln sich an.

Flurbereinigung und Artenrückgang

Bei uns sind in ihrem Bestand gefährdet oder vom Aussterben bedroht:
50% der Vogelarten, 56% der wild lebenden Säugetiere, 60% der Lurche, 67% der Kriechtiere, 33% der Schmetterlinge, 38% der Wildpflanzen.
Was hat das mit der Landwirtschaft zu tun?
Die „chemische Keule" hat wesentlich zum Artensterben beigetragen.
Zwar sind die Chemikalien auf bestimmte Schädlinge abgestimmt, sie treffen aber auch verwandte Tiere oder Tiere, die die vergifteten Schädlinge fressen. Die Schädlinge selber passen sich meist irgendwann an, sie werden gegen die Spritzmittel resistent. Das kann man sehen, wenn man sich Getreidemonokulturen genauer anschaut. Allen Herbiziden zum Trotz wuchern da dunkelgrün gegen das Gelb des reifen Getreides die „Unkräuter".
Insekten bestäuben die Pflanzen. Und wenn es keine Insekten wie Schmetterlinge, Bienen oder Hummeln mehr gibt, sterben auch die Pflanzen aus, die von ihnen bestäubt werden. Und damit sterben wieder andere Insekten aus, denn von jeder Pflanzenart hängen rund 10 Insektenarten ab.
Die Landwirtschaft schränkt durch Neuzüchtungen von ertragreicheren, schädlingsresistenteren Pflanzen den Artenreichtum an Nutzpflanzen selber weiter ein. Auch damit sind wieder unzählige Tiere und Pflanzen zum Aussterben verurteilt.

Schließlich hat man mit der sog. Flurbereinigung vielen Lebewesen den Lebensraum entzogen. Es gibt in der heutigen Agrarlandschaft keine ungenutzte Fläche mehr: keine Hecken zwischen den Feldern, keine Bäume in den Feldern. Feuchtgebiete wurden trockengelegt und zu Feldern umfunktioniert, Teiche zugeschüttet – all das, damit die großen Landmaschinen wirtschaftlich eingesetzt werden können. Feldraine bestehen meist nur noch aus Gras, weil die Herbizide alle „Unkräuter" in ihnen vernichtet haben – wo wollen da noch Vögel, Insekten, Igel und anderes Getier leben?
Das Wort „Flurbereinigung" war lange Zeit ein Zauberwort. Die Landwirtschaft versprach sich viel davon. Und die Idee – sie ist übrigens schon fast 200 Jahre alt – schien ja auch gut zu sein: Die vielen kleinen Äcker der Bauern, die oft weit auseinander lagen, schwer zu erreichen und schwer zu bewirtschaften waren, sollten zu großen, zusammenhängenden Flächen mit gut ausgebauten Zufahrtswegen zusammengelegt werden. Eigentlich ganz ver-

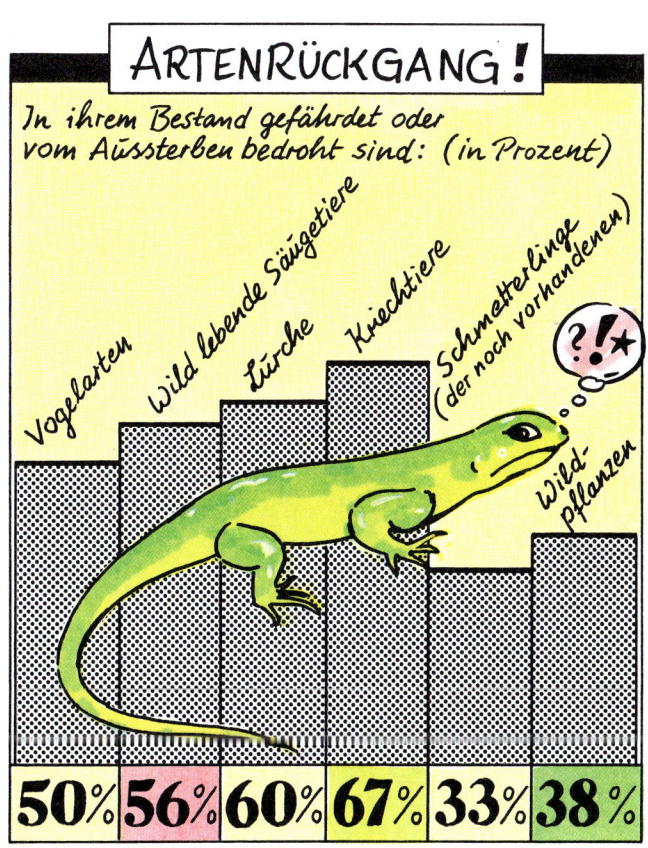

nünftig. Auf großen Feldern kann man Maschinen einsetzen, kann man daher wirtschaftlicher arbeiten. Um die großen Felder aber herzustellen, waren Veränderungen erforderlich: Hecken, die zwischen den kleinen Feldern lagen, mußten verschwinden; Bäume in den Feldern ebenfalls, damit die Maschinen nicht um sie herumfahren mußten; Hügel wurden abgetragen, denn auf ebenen Feldern fährt es sich besser, usw. Am Ende hatte man statt einer gliedrigen, von Hecken und Hohlwegen durchzogenen Landschaft eine große, freie Ebene. Die negativen Folgen sieht man heute.

Wer schon einmal an klaren, windigen Tagen über Land gefahren ist, kennt das Bild: riesige Staubwolken fegen über das Land. Kein Baum, kein Strauch bremst den Wind. Ungehindert kann er Zentimeter um Zentimeter unsere Lebensgrundlage, den Boden, wegtragen. Besonders, wenn der Boden im Herbst und im Winter brach liegt.

Auch der Regen trägt den Boden allmählich mit sich fort. Tiefe Erosionsrinnen und unbewachsene Stellen in den Feldern zeigen es deutlich. Was an Boden noch da ist, wird von den schweren Landmaschinen zusammengepreßt. Das Wasser läuft ab, denn versickern kann es nicht mehr, und nimmt die oberste Schicht mit.

Pro Jahr gehen uns so 15 000 kg Boden pro Hektar verloren. Und diese Menge wird zunehmen, wenn die Landbearbeitung weiter wie bisher betrieben wird. In den USA, wo man schon länger als bei uns große Felder mit großen Maschinen bearbeitet, sind in den letzten 50 Jahren 40% des Ackerbodens Wind und Regen zum Opfer gefallen. Wenn diese Entwicklung so weitergeht, kann es nicht mehr lange dauern, bis das Weizenexportland Amerika Getreide einkaufen muß.

Inzwischen sind bei uns viele Getreidebauern dazu übergegangen, das Stroh, das nach der Ernte stehenbleibt, mit dem „Grubber" in die Felder einzuarbeiten und später unterzupflügen. Wer weiß, ob in den chemikalienbehandelten Böden überhaupt noch Mikroorganismen leben, die das Stroh auch zersetzen können?

Es ist höchste Zeit nachzudenken. Fortwährende, einseitige Ausrichtung auf Ertragssteigerung bleibt nicht ohne negative Folgen für den Boden. Und der Boden ist nach wie vor das wichtigste und wertvollste Gut für den Bauern. Er und wir alle leben von ihm.

Geht es denn auch anders?

Zurück ins Mittelalter – das wäre wohl kaum eine Lösung. Denn wissenschaftlicher und technischer Fortschritt haben der Landwirtschaft viel geholfen, das darf man nicht vergessen.

Stefan Krepold, Bauer mit einem mittelgroßen Betrieb in Bayern, beschreibt sein Berufsziel so: „Ich habe den Hof mit gesundem Boden geerbt, weil meine Vorfahren dem Boden noch gar keinen Zwang antun konnten, die hatten noch gar keine Mittel dazu. Und mein Ziel ist, den Boden möglichst mit gleicher Fruchtbarkeit an die Nachwelt zu vererben. Wenn ich am Ende meiner beruflichen Zeit feststellen müßte, ich habe trotz der besten technischen und chemischen Möglichkeiten die Existenz, nämlich den Boden, in der Fruchtbarkeit gefährdet, dann habe ich mein Berufsziel verfehlt."

Stefan Krepold ist „Bio-Bauer".

Sein Betrieb wird nach ähnlichen wirtschaftlichen Gesichtspunkten geführt wie ein herkömmlicher Hof: auch Stefan Krepold hat Maschinen im Einsatz. Er hat genausoviel Land zu bewirtschaften wie die anderen Bauern im Dorf. Und er gilt inzwischen auch nicht mehr als „Spinner", denn er verdient ebenso gut wie die anderen. Aber er hat nicht mit den Schwierigkeiten zu kämpfen, die seine Nachbarn haben.

Der „ökologische" oder „alternative" Landbau ist inzwischen eine ernstzunehmende, bewährte Alternative zur modernen Agrarindustrie geworden. Was macht der „Öko-Bauer" anders?

Der Landwirt, der im herkömmlichen Stil seinen Hof

führt, denkt in erster Linie daran, mit möglichst wenig Kosten möglichst viel zu erwirtschaften. Dabei helfen ihm Maschinen, die Arbeitskräfte und -zeit einsparen, und die Chemie, die ihm hohe Erträge verspricht.

Der ökologisch wirtschaftende Landwirt versucht, möglichst ohne naturfremde Hilfsmittel den Boden zu bearbeiten – indem er die natürlichen Abläufe ausnutzt. Auch er muß so viel erwirtschaften, daß er von seiner Arbeit leben kann. Aber das wichtigste ist für ihn die Gesundheit des Bodens und die Qualität seiner Produkte. Das bedeutet: Sie sind so frei von chemischen Rückständen, wie es bei unserer ohnehin belasteten Umwelt geht.

Und wie macht er das?

Grundzüge der ökologischen Landwirtschaft

Der Boden ist die Existenzgrundlage des Bauern. Er muß schonend behandelt und gepflegt werden. Zwar bearbeitet der „Öko-Bauer" sein Land mit Maschinen, denn etwas anderes – z. B. der Einsatz von Zugtieren – wäre wirtschaftlicher Unsinn. Doch er versucht, so wenig wie möglich mit schweren Geräten auf dem Boden herumzufahren, damit er ihn nicht zusammenpreßt.

Die Arbeitsgeräte sind klein, leicht und auf schonende Bearbeitung ausgerichtet. Der Boden wird nicht tief gepflügt, sondern aufgelockert und flach gewendet. Er ist nie unbedeckt. Das Stroh bleibt auf den Feldern und wird „untergegrubbert". Nach der Ernte wachsen Beikräuter – so nennt der Bauer das, was andere „Unkräuter" nennen – und bedecken den Boden. Sie werden später mit untergepflügt, düngen den Boden und lockern ihn auf.

Was man dem Boden wegnimmt, muß man auch wieder ersetzen.

Der „Öko-Bauer" ist nicht auf den Anbau eines Produktes spezialisiert. Auf seinen Feldern baut er verschiedene Früchte im Wechsel an. Dieser Fruchtwechsel ist ein Kernstück alternativer Anbauweisen. Er garantiert, daß dem Boden nicht einseitig Nährstoffe entzogen werden und daß der Boden sich „ausruhen" kann. So wächst auf einem Feld in einem Jahr z. B. Weizen, im nächsten Gerste, dann Kartoffeln, dann Klee.

Klee oder auch Luzernen oder Ackerbohnen bringen zwar nicht die Erträge, die der Anbau von Nutzpflanzen bringen würde, dafür aber geben diese Pflanzen

dem Boden mit Hilfe der Knöllchenbakterien den Stickstoff zurück. „Gründüngung" nennt man das. Der Bauer kann so auf künstliche Düngemittel verzichten.

Sogar die Felder, auf denen Nutzpflanzen wachsen, werden grün gedüngt. Klee wächst ungehindert im Weizenfeld. Das bringt dem Bauern doppelten Nutzen. Zum einen versorgt der Klee das Getreide mit Stickstoff und lockert mit seinen Wurzeln den Boden. Zum anderen hält er die „unerwünschten Beikräuter" zurück, indem er ihnen das Licht wegnimmt.

„Schädlinge" und „Unkraut" gibt es für den „Öko-Bauern" nicht. Denn jeder Organismus hat einen Sinn. So dient der Kartoffelkäfer Kröten als Nahrung, sind „Unkräuter" Lebensgrundlage für Schmetterlinge. Zum „Schädling" wird ein Organismus erst, wenn er in Massen auftrifft und uns Schaden zufügt.

Auch der „Öko-Bauer" muß auf Pflanzenschutzmittel zurückgreifen, wenn die Ernte bedroht ist. In den meisten Fällen kommt er mit biologischen Mitteln aus. Allerdings hat er meist weniger mit Schädlingen zu tun als die herkömmlich arbeitenden Bauern. Ein Grund dafür ist die Fruchtfolge: Bei ständig wechselndem Anbau kann sich kein Schädling in einem Feldstück häuslich einrichten. Das Nahrungsangebot ist begrenzt, da es keine riesigen Monokulturen gibt.

Die Untersaat (Klee oder Vogelmiere) hält die „unerwünschten Beikräuter" ab.

Und die Nutzpflanzen sind von sich aus widerstandsfähig. Sie sind nicht durch Kunstdünger und Chemikalien geschwächt.

Zudem sorgt der Bauer dafür, daß die natürlichen Feinde der „Schädlinge" Lebensräume haben. Er erhält Hecken und Feldraine.

Er erhält Feuchtgebiete und Teiche. Er sorgt also dafür, daß die „Schädlinge" gefressen werden, indem er den natürlichen Kreislauf erhält bzw. wieder herstellt. Und gleichzeitig pflegt er die Landschaft.

Der lebendige Bauernhof

Auch „Öko-Bauern" haben sich spezialisiert. Der eine hat sich mehr auf Ackerbau, der andere mehr auf Viehzucht verlegt. Das hängt davon ab, wo der Hof liegt. Im Bergland z. B. ist Viehwirtschaft der Haupterwerb, in Gegenden mit fruchtbarem Boden und gutem Klima eher Ackerbau. Doch hat natürlich auch der Ackerbauer Vieh und der Viehbauer ein paar Äcker. Die Tierhaltung unterscheidet sich hier grundsätzlich von der Massentierhaltung. Die Tiere werden so gehalten, daß sie auch im Stall genügend Bewegungsfreiheit haben. Soweit als möglich werden sie ins Freie gelassen. Als Futter dienen Klee und Ackerbohnen (statt Kraftfutter aus der Chemiefabrik). Die Ställe sind mit Stroh ausgelegt, und der Mist wird wie früher auf die Felder ausgebracht.

Warum sind nicht alle Bauern Bio-Bauern?

Wenn die ökologischen Anbaumethoden so viel gesünder für uns Menschen, für die Tiere und für die

Beim „Öko-Bauern" überleben auch andere Pflanzen am Feldrand.

Umwelt sind, wäre es doch am besten, wenn alle Bauern ihre Anbaumethoden umstellen würden, oder?

Das ist nur leider nicht so einfach. Die Umstellung auf ökologischen Landbau dauert mehrere Jahre. In dieser Zeit verdient ein Bauer viel weniger. Viele Bauern haben aber in den vergangenen Jahrzehnten die modernsten Maschinen gekauft. Dann mußten sie Land dazukaufen oder pachten, weil sich die großen Maschinen nur lohnen, wenn sie auf großen Feldern eingesetzt werden. So wurden Schulden gemacht, die den Bauern auch dann noch belasten, wenn er den Einsatz der Maschinen gar nicht mehr sinnvoll findet. Damit er die Maschinen und die Chemikalien und den Dünger bezahlen kann, produziert er immer mehr. Der Staat garantiert ihm, bestimmte Mengen zu stabilen Preisen abzukaufen. Da wir alle die riesigen Mengen Lebensmittel nicht verbrauchen können, werden sie gelagert. So kam es in der Vergangenheit zu Butterbergen und Milchseen.

Die Natur wird zerstört, die Lebensmittel werden teuer gelagert und zum Teil sogar vernichtet. Der Bauer kann kaum ohne fremde Hilfe aus diesem Kreislauf ausbrechen.

Daher fordern inzwischen viele Sachverständige, der Staat solle die Gelder, die er in Form von Subventionen für die Überproduktion und die Lagerung der Überschüsse ausgibt, den Bauern für die Umstellung vom herkömmlichen zum ökologischen Landbau zur Verfügung stellen.

Qualität hat ihren Preis

Ökologisch angebautes Getreide oder Gemüse, Milch und Fleisch von „glücklichen" Kühen haben natürlich ihren Preis. Sie sind zur Zeit für uns Verbraucher noch teurer. Die „Öko-Bauern" müssen höhere Preise verlangen, denn sie müssen mehr Arbeitszeit investieren und produzieren nicht in den Mengen wie die herkömmlichen Bauern. Aber ihre Produkte sind weniger schadstoffbelastet, und die ökologischen Anbaumethoden kommen auch unserer Umwelt zugute.

An dieser Stelle haben wir alle die Möglichkeit, einzugreifen und etwas zu tun:

Indem wir alle, wenn wir Nahrungsmittel kaufen, mehr auf deren Qualität achten und ökologisch angebaute Waren vorziehen.

Mutter Erde

Brunhilde Marquardt-Mau

Lange vor unserer Zeit stellten sich die Menschen den Kosmos und den Erdboden wie eine gütige, nahrungsspendende Mutter vor. In vielen Kulturen wurde „Mutter Erde" als die Mutter allen Lebens, der Pflanzen, der Tiere und der Menschen verehrt. Dieses Sinnbild drückte eine enge verwandtschaftliche Beziehung zwischen den Menschen und der sie umgebenden Natur aus. Das Wissen um Mutter Erde beeinflußte über Jahrzehntausende den Umgang der Menschen mit der Natur – bis es durch andere Sinnbilder ersetzt wurde.

Heute stehen wir von den Spuren der Zerstörung, die dieser Sinnbildwandel hinterlassen hat. Aus dem Erdboden ist ein neutraler Gegenstand, eine Sache geworden, die man gebraucht und verbraucht.

Die Geschichte des zerstörerischen Umgangs mit der Natur läßt sich nicht zurückdrehen. Wir können aber den Spuren des uralten Sinnbildes der Menschheit –nämlich der Mutter Erde– folgen, und uns fragen, ob es uns heute noch etwas zu sagen hat.

Höhlenmalerei

Warum sich die Menschen die Erde wie eine Frau vorgestellt haben

Das Sinnbild „Mutter Erde" ist nicht zufällig entstanden, sondern hängt eng mit der Lebensweise unserer Vormütter und Vorväter zusammen. In Europa geht es auf jene Zeit vor etwa 200 000 Jahren zurück, in der die Menschen als Wildbeuter die Natur durchstreiften. Vor Wind und Wetter suchten sie vermutlich in Erdlöchern, in hohlen Baumstämmen, Felsspalten oder in engen Eingängen von Höhlen Schutz. Wo eine Lagerstelle aufgeschlagen wurde und wie lange man dort blieb, hing von den Pflanzen, Knollen, Wurzeln und Wildfrüchten ab, die dort gerade wuchsen, und von dem Großwild (z.B. Mammuts, Waldelefanten oder Höhlenbären), das man jagen konnte. Auch Krebse, Vogeleier und Fische standen auf dem Speisezettel unserer Vorfahren. Die Frauen sorgten in jener Zeit vermutlich für die Nahrung. Ohne die Frauen wäre die Horde verhungert, denn eine so aufwendige Jagd wie z.B. die auf ein 100 Zentner schweres Mammut konnte nur selten stattfinden und gelang nur, wenn alle Mitglieder der Gruppe mithalfen.

Zu jener Zeit lebten die Menschen vermutlich in kleineren Horden zusammen. So eine Horde umfaßte die Mutter mit deren Kindern und die noch lebenden Verwandten der Mutter und eine entsprechende Anzahl Männer. Da zur damaligen Zeit der Zusammenhang zwischen Paarung und Zeugung noch nicht bekannt war, wußten die Menschen selten, welche Kinder von welchem Vater stammten. Die Mütter dagegen wußten sehr genau, welche ihre Kinder waren. Es spricht viel dafür, daß die Abstammung im Unterschied zu heute nicht nach dem Vater, sondern nach den Müttern bestimmt wurde. Die „eingeheirateten" Männer einer Sippe waren vermutlich ihr Leben lang nie Mitglieder dieser Sippe, sondern blieben Mitglieder einer anderen Sippe, nämlich der ihrer Mütter.

Die Menschen mußten die Natur sehr genau kennen. Sie waren von ihr abhängig und hatten einen starken Bezug zu ihr. Das und die Stellung der Frau in der Gruppe mag dazu beigetragen haben, daß das Sinnbild von der Mutter Erde entstanden ist.

Aus der dunklen Erde wuchsen die für das Überleben der Horde so wichtigen Pflanzen heraus. Die Menschen mußten einmal sehr genau beobachtet haben, an welcher Stelle und zu welcher Zeit eine Pflanze aus dem Erdboden wächst oder Früchte trägt. Und noch etwas konnten auch schon diese Menschen beobachten, nämlich woher die Kinder kamen und wie die Mutter sie an der Brust nährte.

Es gab und es gibt also etwas Gemeinsames zwischen einer Frau und dem Erdboden:

Beide konnten und können Leben hervorbringen und Nahrung spenden bzw. für Nahrung sorgen.

Weiter beobachten die Menschen, daß die Pflanzen und Tiere, die im Frühjahr oder Sommer hervorgekommen waren, im Winter „wie vom Erdboden verschluckt" schienen. Aber im nächsten Frühjahr tauchten sie wieder auf.

Ob die Menschen in der Erde den Ursprung allen Lebens suchten und sich erhofften, wie die Tiere und Pflanzen aus der Erde neu „geboren" zu werden? Aus der Gleichsetzung der Erde mit einer Frau bzw. Mutter hat sich im Laufe der folgenden Jahrzehntausende eine Fülle von Symbolen und Vorstellungen entwickelt.

Auf den Spuren der Mutter Erde

Bevor uns unsere Vorfahren deutliche Spuren hinterlassen, müssen noch weitere 160 000 Jahre vergehen. Wir befinden uns in der Altsteinzeit. Der Alltag des Steinzeitmenschen ist ein wenig „sorgloser" geworden. Dank einer verbesserten Jagdtechnik mit Wurfhölzern oder Wurfspießen mit Spitzen aus Stein, Knochen oder Horn ist es möglich, auch Vögel und Kleinwild zu erlegen. Bei diesem verbesserten Nahrungsangebot können die Lagerstellen manchmal mehrere Jahre lang an einem Ort bleiben.

Aus dieser Zeit gibt es zahlreiche Spuren der Steinzeitmenschen. In den Bildern und Symbolen, die sie in den Höhlen und Lagerstellen hinterließen, können wir auch heute noch etwas über ihr Denken und Fühlen, über ihre Beziehung zur Natur und zum Erdboden, wie in einem „Bilderbuch" nachlesen.

Die „Sprache" unserer Vorfahren ist voller Symbole. Weil wir „modernen" Menschen diese „Sprache" noch nicht ganz verlernt haben und sie in unserem Alltag manchmal noch benutzen, können wir sie verstehen. Auch wir verwenden noch Symbole. Ob sie bis in die Steinzeit zurückreichen, wissen wir nicht.

Heutzutage verschickt man Karten, auf denen beispielsweise ein vierblättriges Kleeblatt oder eine Taube zu sehen sind. Auch ohne Worte versteht der Empfänger oder die Empfängerin, daß ihm oder ihr jemand Glück oder Frieden wünschen möchte. Kleeblatt und Taube sind Symbole für Glück und Frieden.

Im Traum können wir uns frei wie ein Vogel hoch in die Lüfte erheben oder uns gleichzeitig zu verschiedenen Zeiten oder an unterschiedlichen Orten aufhalten.

Im Kinderspiel können aus Steinen Vater, Mutter, Auto oder Pferd werden. Die Kinder wissen, daß diese Steine „in echt" Steine sind, gleichzeitig sind sie aber ebenso „echt" ein Mensch oder Tier für sie. Auf den Glückwunschkarten, im Traum oder im Spiel benutzen wir also auch heute noch Symbole – oder wie wir auch sagen können – Sinnbilder. Ein Symbol steht stellvertretend für etwas, es ist außerhalb von uns,

kann aber unsere inneren Gedanken und Gefühle ausdrücken.

Welche Bilder uns unsere Vorfahren auch im einzelnen hinterließen – ein Zusammenhang mit einer Vorstellung der Mutter Erde liegt nahe.

Im Bauch der Erde

Wenn wir heute eine der berühmten Höhlen aus der Eiszeit, wie z.B. die in Pech-Merle, Lot in Frankreich oder in Lascaux betreten, sind die Höhlenbilder im Lichte von Scheinwerfern zu betrachten. Für die Steinzeitmenschen, aber auch für die „Entdecker" dieser Höhlen – nicht selten waren es Kinder, die diese Höhleneingänge beim Spielen fanden – muß sich diese geheimnisvolle Welt wie ein grandioses Schauspiel eröffnet haben. Hans Peter Duerr, ein Ethnologe (Völkerkundler), hat dies auf eindrucksvolle Weise beschrieben:

„Wir müssen bedenken, daß die Lichtverhältnisse in den Höhlen zur Zeit des Paläolithikums [Altsteinzeit] ganz andere waren als in unserer Zeit. Das Licht der kleinen, mit Fett gefüllten Steinlämpchen mit Dochten aus Wacholderzweigen, die man beständig nachfüllen mußte, erhellte nur kleine Flächen an den Wänden . . .
Je nach dem Einfallswinkel des Lichtes war bei übereinandergeblendeten Gravierungen zuweilen das eine Tier deutlich zu sehen, während das andere fast unsichtbar blieb. Wir können uns vorstellen, wie es gewesen sein mag, als die ersten Menschen . . . die Höhlen betreten haben, wie im Flackern der Lämpchen plötzlich Gestalten aus dem Fels traten, um augenblicklich wieder zu verschwinden, als habe die Felswand sie geboren . . ."
(H. P. Duerr: Sedna oder die Liebe zum Leben. Frankfurt 1984, S. 46)

Um diese Bilder sehen zu können, mußten die Steinzeitmenschen einen langen, beschwerlichen Weg zurücklegen. Einige Höhlenräume konnte man nur in gebückter Haltung erreichen oder sich, wie z.B. in der Grotte Le Combel der Höhle Pech-Merle in Frankreich, nur in gekrümmter Haltung dort aufhalten.

In der gleichen Höhle hängen auch Tropfsteine wie „Brüste" von der Decke. Die Spitzen sind rot gefärbt. In einem anderen Teil dieser Höhle befindet sich ein Kranz solcher rot gefärbten „Brüste".

Manche Wissenschaftler meinen, daß sich die Steinzeitmenschen eine Höhle wie einen weiblichen Leib und einzelne Höhlenkammern und -räume wie eine Gebärmutter vorgestellt haben. Der lange Weg in die Höhlen war also vermutlich nicht zufällig, sondern eine „kultische" Reise in das Innere der mütterlichen

Erde. Wenn die Steinzeitmenschen dann endlich nach einem stundenlangen Aufenthalt im Dunkeln wieder an das Tageslicht auftauchten und ihren Körper wieder strecken konnten, hatten sie dann auf symbolische Weise ihre Wiedergeburt nachvollzogen? Ob sich die Steinzeitmenschen in den Höhlen, in der Mutter Erde, den Ort vorstellten, in dem sich das Sterben und Werden aller Lebewesen vollzieht?

Sahen so die Steinzeitfrauen aus?

Neben den Höhlenmalereien haben die Steinzeitmenschen noch andere Spuren hinterlassen. Es sind zahlreiche menschliche Skulpturen, die – mit wenigen Ausnahmen – weibliche Gestalten darstellen. Man fand solche Statuetten von Sibirien bis hin zu den Pyrenäen. Die ältesten von ihnen sind schon ca. 30 000 Jahre alt.

Obwohl die Statuetten in weit voneinander gelegenen Fundorten gefunden wurden, weisen sie alle große Gemeinsamkeiten auf.

Sie sind nackt, haben massige Brüste und Schenkel, einen großen Bauch und ein breites Gesäß. Der Kopf ist meistens ohne Gesicht.

Zunächst stellte man sich vor, daß es sich um die Abbildungen von Steinzeitfrauen handelte und lieferte dafür gleich eine Begründung mit. Die Frauen wären damals so fettleibig gewesen, weil sie ihre Tage bequem auf den Fellagern verbracht hätten, während die Männer ihre Körper auf der Jagd geschmeidig gehalten hätten.

Erst allmählich verstand man die „Sprache" dieser Figuren. Mit ihren massigen Urgestalten erzählen sie von der Fähigkeit der Frau, Leben zu geben, zu nähren und zu schützen.

Auch der Ocker, mit dem die meisten Figuren rötlich gefärbt waren, wird in Zusammenhang mit dem Kult der Mutter Erde gebracht. Es spricht viel dafür, daß das Rot die Farbe der fruchtbaren Erde war.

Solche Figuren fand man z.B. an den Kultstätten der Höhlen, aber vor allen Dingen an den Lagerplätzen in der Nähe der Herdstellen. Einige Figuren – wie die vom Petersfeld in Baden – wurden vermutlich auch als Amulett getragen.

Nicht alle Figuren erlangten eine so große Berühmtheit wie die Venus von Mentone – gefunden in einer Strandhöhle unweit der italienischen Riviera – oder die Venus von Lespugue, oder die Venus von Brassempouy, die man ebenfalls in Höhlen fand.

Auch die Venus von Laussel (Dordogne) weist große Ähnlichkeiten mit ihren „Schwestern" auf.

Die „Venus mit dem Horn" von Laussel

Anhänger aus Lignit (Kohle)

Größe 2,5 cm ca.

Stilisierte weibliche Körper

Jung-paläolithikum

Im Mittelpunkt eines Kultplatzes befand sich ein säulenförmiger, ungefähr rechteckiger Felsen, auf dem ein Frauen-Relief von 49 cm Größe dargestellt ist. Im Mittelpunkt ist der runde Leib mit dem eingetieften Nabel zu sehen. Die Wölbung des Gesteins wurde geschickt ausgenutzt, um das Hervortreten der Figur zu erreichen. Das Gesäß, die gerundeten Schenkel, die schwer herabhängenden Brüste und der runde Bauch sind immer gleich. Alle diese Figuren entsprechen nicht dem gegenwärtigen Schönheitsideal von Frauen. Dennoch entfalten sie auch heute noch ihre Schönheit.

Was über Mutter Erde erzählt wird

Im Bild der Mutter Erde fanden die Menschen Antworten auf Fragen wie: Woher stammen die Pflanzen, Tiere und Menschen? Woher kommt die Welt?

Die Venus von Willendorf

Das Sinnbild der Mutter Erde – und die Vorstellungen, die die Menschen einmal damit verbanden – durchziehen wie eine Melodie eines eindringlichen Liedes die überlieferten Geschichten in verschiedenen Teilen der Welt. Die jeweils unterschiedlichen Lebensbedingungen der Menschen „schrieben" Variationen des gleichen Grundthemas:

> Mutter Erde ist die Mutter allen
> Lebens, die Pflanze, der Tiere und
> der Menschen. Aus ihrem fruchtbaren
> Schoß kommt alles Leben hervor und
> geht wieder zu ihr zurück.

Insbesondere in den Erzählungen, Gedichten und Gesängen vieler indianischer Stämme ist das Sinnbild der Mutter Erde bis heute lebendig geblieben.

Im Mittelpunkt ihres Weltbildes stand die Gestalt der Erdmutter, und das nicht nur bei den Bodenbau betreibenden indianischen Stämmen Nordamerikas, sondern auch bei solchen Stämmen, die als Jäger und Sammler lebten.

In ihrem Gesang preisen die Kagaba-Indianer die Mutter der Gesänge „Sibalaneuman" als Mutter des ganzen Universums, aller Lebewesen und unbelebten Dinge und der Kultur.

„Die 'Mutter der Gesänge' (Sibalaneuman), die Mutter unseres ganzen Samens, gebar uns im Anfang. Sie ist die Mutter aller Arten von Menschen und ist die Mutter von allen Stämmen. Sie ist die Mutter der Flüsse, die Mutter der Bäume und aller Arten von Dingen. Sie ist die Mutter der Gesänge und Tänze. Sie ist die Mutter der Welt und der älteren Brüder Steine. Sie ist die Mutter der Feldfrüchte und die Mutter aller Dinge . . . Sie ist die Mutter der Tanzgeräte und aller Tempel und ist die einzige Mutter, die wir haben. Sie ist die Mutter der Tiere, die einzige, die der Milchstraße. Die Mutter selbst war es, die zu taufen begann, sie händigte die Kalkdose (zum Kokaessen) aus. Sie ist die Mutter des Regens, die einzige, die wir haben. Sie allein ist die Mutter der Dinge, sie allein. Und so hat die Mutter ein Andenken in allen Tempeln hinterlassen. Zusammen mit ihren Söhnen, 'den Heilbringrn' Sintana, Seizankua, Aluanuiko und Kultsavitabauya, hinterließ sie als Andenken Gesänge und Tänze. So haben es die Priester, Väter und älteren Brüder berichtet."

Gesang der Kagaba-Indianer, Columbia
(aus Preuss: Die eingeborenen Amerikas. In A. Bertholet (Hrsg.): Religionsgeschichtliches Lehrbuch. Bd. 2, Tübingen 1926, S. 39)

Hinter „Sibalaneuman" verbirgt sich vermutlich niemand anders als die Mutter Erde. Wie wir aus den Erzählungen anderer indianischer Stämme wissen, war die Vorstellung verbreitet, daß die Menschen von Mutter Erde geboren würden. Die leibliche Mutter sei die Vertreterin der großen Urmutter Erde. Die Navaho

Indianer beispielsweise erzählen vom Auftauchen der ersten Menschen aus dem Schoß der Erde und von dem mühsamen Weg ihrer Wanderung an das Licht. Jede Geburt ist dann die Wiederholung des großartigen Geschehens, der Geburt der ersten Menschen, die einmal aus der Erde hervorgekommen sind.

In einer anderen Geschichte erfahren wir etwas über Mutter Erde bzw. Großmutter Erde oder „die alte Frau unter dem Wasserfall", wie sie in einer Höhle wohnt und wie sie von dort aus die Menschen mit Mais, Bohnen und Büffelfleisch versorgt. Diese Vorstellung gehört zum kulturellen Erbe der Mandan, die hauptsächlich vom Maisanbau und zeitweilig auch von der Jagd auf die Bisons der Prärie und in Erdhütten lebten.

„Einst, so wird erzählt, trafen zwei junge Männer aufeinander, die dieselbe Kleidung trugen und auch dieselbe Bemalung aufwiesen. Darüber verwundert, stellten sie fest, daß sie beides von der selben „Alten Frau unter dem Wasserfall" erhalten hatten. Vor den Augen der ausgehungerten Stammesangehörigen – das Jagdwild war nämlich ausgeblieben – tauchten sie nun unter diesen Wasserfall . . . und gelangten in eine Höhle.
Dort saß eine alte Frau, die damit beschäftigt war, Maiskörner zu Mehl zu zerstampfen. Sie begrüßte die beiden und sagte zu ihnen, sie sei Großmutter Erde (Escheheman), schenkte ihnen Maissamen, Bohnen und Squash, gab ihnen Büffelfleisch und Mais zu essen aus Schüsseln, die niemals leer wurden, bemalte sie mit roter Farbe, der Farbe des Lebens und der Erde, und zeichnete darauf eine gelbe Sonne und einen gelben Mond. Dann entließ sie die jungen Männer aus ihrer Höhle, nachdem sie ihnen noch eine Büffelkappe mit auf den Weg gegeben hatte, und als sie unter dem Wasserfall wieder auftauchten, folgten ihnen prustende Büffel."

(Duerr, 1984, S. 27)

Das Bild der Mutter Erde ließ die umgebende Natur in ihrem Zeichen „lebendig" werden:
Die Höhlen wurden zum Leib, die Steine zu den Knochen, die Berge zu den Brüsten, der fruchtbare Boden zum Fleisch und die Quellen und Bäche zur Milch der gütigen Erdmutter.
Der Baum, als besonders sichtbares Zeichen der aus der Erde hervorquellenden Vegetation, ist ursprünglich auch ein Symbol der Mutter Erde. Aus der Tiefe bringt er die magischen Kräfte der Erde heraus an das Tageslicht. Mit seinen Wurzeln reicht er in die Unterwelt, der Stamm wächst dort, wo auch die Menschen leben, und mit der Krone reicht er in den Raum der Götter hinein.

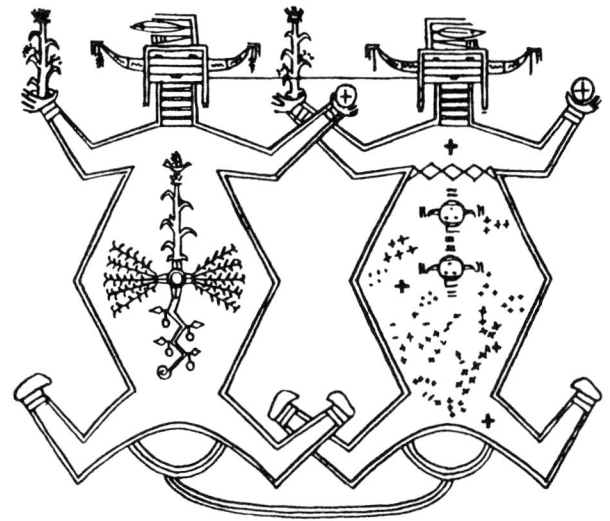

Sandmalerei der Navaho: Mutter Erde bringt den Menschen den Mais, rechts: Vater Himmel.

Solche oder ähnliche Vorstellungen finden wir in verschiedenen Kulturkreisen. Um Bäume, die oftmals als heilig verehrt werden, entwickelte sich allmählich ein eigenständiger Symbolkreis:
Bäume als Sinnbilder der Fruchtbarkeit, des sich wandelnden menschlichen Lebens, der Zeit, um nur einige zu nennen. Meistens schimmert aber auch in diesen Baumkulten noch der ursprüngliche Symbolzusammenhang mit dem Kult der Mutter Erde durch.

Was das Bild der Mutter Erde über die Beziehung zur Natur erzählt

Die Spuren, die uns unsere Vorväter und Vormütter hinterließen, belegen in eindringlicher Weise, daß in weiten Teilen der Erde lange Zeit Werte eine Rolle spielten, die einen pfleglichen Umgang mit der Natur nahelegten.

Während sich die Menschen bei ihren magischen Zeremonien auf den Weg in die Höhlen machten, die Statuetten an den Kult- und Lagerplätzen betrachteten oder sich die Geschichten vom Anfang erzählten, wurden das Bild der Mutter Erde und die Werte, die sie verkörperte, gegenwärtig.

Das Gefühl, daß man dem Erdboden entstammt, daß man aus der Erde geboren wurde, geradeso wie die Erde in unversiegbarer Kraft Bäume, Felsen und Flüsse usw. hervorbringt, stiftete ein enges Band zwischen den Menschen und der Natur. Störend in sie einzugreifen, hätte bedeutet, dieses Band zu zerreißen und damit letztlich auch die eigenen Wurzeln zu zerstören.

Die Vorstellung der Erde als lebensspendende und nährende Mutter leitete über Jahrzehntausende den menschlichen Umgang mit der Natur und übte eine Kontrolle über ihr Handeln aus. Man buddelte nicht ohne weiteres im Leib der Mutter oder riß ihr die Knochen aus.

Die vor über 100 Jahren gesprochenen Worte des indianischen Propheten Smohalla vom Stamme der Umatilla bezeugen dies in besonders eindringlicher Weise. Seine Rede ist die Antwort auf die Anweisung Washingtons, sich mit seinem Stamme anzusiedeln und seßhaft zu werden:

„Du forderst mich auf, die Erde zu pflügen! Soll ich ein Messer nehmen und die Brust meiner Mutter aufreißen? Wenn ich dann sterbe, wird sie mich nicht an ihrem Busen ruhen lassen.
Du forderst mich auf, nach Steinen zu graben! Wenn ich dann sterbe, wird sie mich nicht an ihrem Busen ruhen lassen.
Du forderst mich auf, nach Steinen zu graben! Soll ich unter ihrer Haut nach ihren Knochen graben? Wenn ich dann sterbe, kann ich nicht mehr ihren Leib betreten, um wiedergeboren zu werden.
Du forderst mich auf, Gras zu schneiden, Heu zu machen, es zu verkaufen und reich zu werden wie die weißen Männer! Wie kann ich es wagen, das Haar meiner Mutter zu schneiden?
Dies ist ein schlechtes Gesetz, und mein Volk kann sich nicht daran halten. Ich will, daß mein Volk hier bei mir bleibt. Alle Toten werden zu neuem Leben erwachen. Ihre Geister werden wieder in ihre Leiber kommen. Wir müssen hier in den Wohnstätten unserer Väter warten und bereit sein, ihnen im Busen unserer Mutter zu begegnen."
(Duerr, 1984, 57 f.)

Smohalla stellt nicht jeglichen Eingriff in die Natur an den Pranger, sondern den ausbeuterischen Umgang mit der Natur, wie er seinem Volk und den anderen indianischen Völkern von den weißen Eroberern vorgeführt wurde. Auch die Indianer gruben in der Erde, um z.B. Mais zu pflanzen, fällten Bäume, um Häuser zu bauen, jagten Büffel, um sich von ihrem Fleisch zu ernähren und Kleidung aus den Fellen zu nähen.

Während jedoch die Indianer seit jeher Büffel nur zu bestimmten Zeiten und nur in dem unmittelbar notwendigen Umfang töteten, wurden von den weißen Siedlern in einem wahren Blutrausch ganze Büffelherden abgeschlachtet. Solche Exzesse richteten sich nicht nur gegen die „Natur" Nordamerikas, sondern auch gegen die dort ursprünglich lebenden Menschen. Die Eroberung Nordamerikas, d.h. die Aneignung des Lebensraumes der Indianer, ist mit dem Leben Tausender indianischer Kinder, Frauen und Männer bezahlt worden.

Nicht überall auf der Welt bestimmte das Bild der Mutter Erde über so lange Zeiträume hinweg die Handlungen eines ganzen Volkes, wie es bei den indianischen Stämmen der Fall war. Aber auch in unserer Kultur gibt es noch bis in das 16. Jahrhundert hinein Belege dafür, daß das Bild der Mutter Erde dem ethischen Denken weiter Bevölkerungsteile entsprach. Zu einem Zeitpunkt, wo in Sachsen, Böhmen oder im Harz der Erzbergbau aufkam und dessen negative Folgen für die Natur sichtbar wurden, gab es noch etliche kritische Stimmen, die darin ein Vergehen gegen Mutter Erde sahen:

„Durch das Schürfen von Erz werden die Felder verwüstet; . . . Wälder und Haine werden umgehauen; denn man bedarf zahlloser Hölzer für die Gebäude und das Gezeug sowie, um die Erze zu schmelzen. Durch das Niederlegen der Wälder und Haine aber werden Vögel und andere Tiere ausgerottet, von denen sehr viele den Menschen als feine und angenehme Speise dienen. Die Erze werden gewaschen; durch dieses Waschen aber werden, weil es die Bäche und Flüsse vergiftet, die Fische entweder aus ihnen vertrieben oder getötet."
(C. Merchant: Der Tod der Natur: Ökologie, Frauen und neuzeitliche Naturwissenschaft. München 1987, S. 19)

Die Zerstörung der Umwelt sei letztlich Folge der Mißachtung der „Gesetze" der Mutter Erde. Die gütige und wohltätige Mutter Erde spende von sich aus alles für den Menschen Notwendige und Nützliche und brächte es, wie z.B. Früchte und Kräuter, an das Tageslicht. Solche Dinge dagegen, nach denen man graben müsse, habe sie absichtlich in die Erde gestoßen, und darum dürfe man diese nicht herauswühlen – so die Kritiker.

Sie waren noch so zahlreich, daß Wegbereiter des Bergbaus, wie z.B. Georg Agricola (1494-1555), sich intensiv mit ihren Argumenten auseinandersetzen mußten. Das obige Zitat ist seiner Schrift „De Re Metallica", der ersten „modernen" Abhandlung über den Bergbau, entnommen.

Was das Bild der Mutter Erde den Menschen heute sagen kann

Mit den Auseinandersetzungen um die ökologischen Folgen des Bergbaus im 16. Jahrhundert sind wir mit Riesenschritten in die Umweltproblematik unserer Tage versetzt worden. Beim Abbau von Stein- und Braunkohle, Sand, Kies oder Kalkstein kommt es zu ähnlich gravierenden ökologischen Problemen, vor denen auch schon die Menschen des Mittelalters standen. Auch heute verschlingt der Bergbau riesige Flächen – und damit auch die Pflanzen und Tiere, die dort vorher ihren Lebensraum hatten.

Würde man heute seine Bedenken gegen die Zerstörung der Landschaft – wie es nicht nur beim Bergbau, sondern auch beim Bau von Straßen, Autobahnen, Flughäfen usw. der Fall ist – mit einem Hinweis auf die „Mutter Erde" begründen, so wäre man sicherlich bald in eine heftige Diskussion verwickelt und müßte sich die Frage gefallen lassen, ob dieses uralte Sinnbild für uns heute noch richtig und gültig ist.

„Wir modernen Menschen müssen unsere Umwelt verändern; wir haben schließlich ganz andere Anforderungen an den Erdboden als die wenigen Steinzeitmenschen. Die Steinzeitmenschen brauchten ja nur wenig zum Leben: Holz, um ein Feuer zu machen, einige Pflanzen und Tiere des Waldes, um sich zu ernähren und Werkzeuge, mit denen sie arbeiten konnten. So konnten sie ihren Lebensraum in einem natürlichen Zustand belassen. Mit ihren Werkzeugen war es den Steinzeitmenschen doch kaum möglich, ihre Umwelt einschneidend zu verändern. Es ist viel mühsamer, mit einem Steinbeil einen Baum zu fällen als mit einer Motorsäge. Wenn wir nicht auf den Fortschritt verzichten möchten, dann muß man auch die

Nachteile in Kauf nehmen. Nein, danke, zurück zur Steinzeit wollen wir nicht. 'Mutter Erde' ist ein Luxus, den sich nur Romantiker oder Ökospinner leisten können."

Mit solchen oder ähnlichen Reaktionen könnte man rechnen.

Die heutigen Umweltschützer sind nicht so naiv, daß sie jegliche menschlichen Eingriffe in den Erdboden und in die Natur verurteilen. Fragwürdig geworden sind für sie allerdings die Normen und Werte, die in unserer Gesellschaft den Umgang mit der Natur leiten.

Sie wehren sich dagegen, daß an erster Stelle das Gewinndenken steht. Aus der Erde und der Natur ist eine Ware geworden, mit der Handel getrieben wird. Einige verdienen daran, aber alle haben unter den Folgen zu leiden.

Das Sinnbild der Mutter Erde hatte dagegen von der Gleichheit erzählt, von dem gemeinsamen Band, das die Menschen untereinander und mit der Natur verbindet. Dies gilt auch für uns. Auch heute noch sind wir ein Teil der Natur, unser Leben und Sterben ist Naturgesetzen unterworfen – trotz Technik, trotz Fortschritt. Die vielfach zitierte indianische Weisheit, wonach erst der Baum und dann der Mensch stirbt, hat diesen Zusammenhang deutlich gemacht. Angesichts der Umweltkatastrophen müssen wir erkennen, daß diese uralten Vorstellungen vom Sinnbild der Mutter Erde kein Luxus und keine Spinnerei sind.

Spaziergänge durch einen Buchenwald

Bei einem Spaziergang durch einen Buchenwald an einem sonnigen Februartag deutet noch wenig darauf hin, daß der Buchenwald bald zu neuem Leben erwachen wird. Die kargen, unbelaubten Kronen und die grauen Stämme der Buchen heben sich von dem blauen Winterhimmel ab. Der Waldboden ist noch mit dem Herbstlaub der Buchen aus dem vorhergehenden Jahr bedeckt. Während wir durch das gefrorene Laub stapfen, ist unter unseren Füßen schon ein vielfältiges Leben im Gange. Wir würden kaum vermuten, daß nur wenige Zentimeter tiefer, aus braunen unscheinbaren Wurzelstöcken, Knollen oder Zwiebeln mit Macht die ersten Frühlingsblumen an die Oberfläche drängen.

Einige Wochen später sehen wir schon die ersten grünen Triebe. Die Stiele des Buschwindröschens haben beim Wachsen den schweren Erdboden nach und nach auseinandergebrochen. Erst dann wach-

sen die an den Stielen hängenden Blütenknospen heraus. Haben die jungen Triebe des Buschwindröschens erst einmal die Erddecke durchbrochen, geht das Wachstum weiter. In kurzer Zeit entfalten sich die Blätter. Wie kleine Sterne streben die Blüten zum ersten Mal dem hellen, weiten Lichtraum entgegen. Ein Buschwindröschen ist aus der Erde geboren und hat die Kräfte des Lichtes mit den Kräften der Erde verbunden. Mit diesem Buschwindröschen sind Hunderte andere, wie Leberblümchen, Schlüsselblumen und Waldveilchen aus der Erde hervorgekommen. Der Waldboden hat millionenfach neues Leben in zartem Weiß, Gelb oder Violett hervorgebracht.

Im Mai brechen auch aus den rötlich-braunen Knospen der Buchen die lichtgrünen Blätter hervor. Sie beschatten bald den Waldboden.

Wenn sich das voll entfaltete Blätterkleid der Buchen in ein sattes Grün verwandelt hat, sind die Blätter und Stengel der Buschwindröschen längst verwelkt und nicht mehr zu sehen. Im Erdboden aber sind die unterirdischen Sprossen des Buschwindröschens wohl geborgen und mit Nährstoffen für das nächste Jahr aufgefüllt.

Der Buchenwald darüber hat sein Aussehen noch einmal geändert. Die Blätter nehmen die kräftigen Farben des Erdbodens an. Mit dem Fallen der Buchenblätter beginnt die Ruhezeit im Wald. Die Pflanzen erscheinen nun wie tot. Aber im nächsten Frühjahr beginnt wieder alles von vorne.

Ein großartiges Schauspiel, das der Erdboden im Buchenwald, auf Feldern und Wiesen, in Parks und Gärten, aber auch in den Pflasterritzen der Großstadt aufführt. Es heißt: Werden und Vergehen, der ewige Kreislauf der Mutter Erde.

Mutter Erde lebt noch

Es ist zwar fünf Minuten vor zwölf, aber noch haben wir heutigen Menschen die Möglichkeit, mit dem ausbeuterischen Umgang mit dem Erdboden und der Natur aufzuhören. Aber Industrie und Landwirtschaft können nicht von heute auf morgen ihre Produktion so einrichten, daß sie die Natur schont. Das dauert lange. Und zuvor muß „Überzeugungsarbeit" geleistet werden. In Bürgerinitiativen, Naturschutzverbänden, Parteien, Gewerkschaften und Kirchenorganisationen, aber auch in Schulen und Kindergärten kann dieses Umdenken zugunsten der Natur vorbereitet werden.

In unserem Alltag können wir sofort damit anfangen,

der „Haut" der Mutter Erde keinen weiteren Schaden zuzufügen. Dazu enthalten die übrigen Beiträge in diesem Band genügend Anregungen.

Und noch ein Weiteres ist bereits heute möglich, nämlich den Erdboden und alltägliche, meist unbeachtet ablaufende Naturvorgänge wieder bewußter zu beobachten und wahrzunehmen.

Adressenliste

Folgende Behörden und Verbände können Dir in Umweltfragen weiterhelfen:

(Aus Platzgründen konnte nur eine kleine Auswahl berücksichtigt werden.)

Aktionskonferenz Nordsee (AKN)
Kreuzstraße 61
2800 Bremen

Allgemeiner Deutscher
Fahrrad-Club e.V. (ADFC)
Postfach 107 744
Am Dobben 91
2800 Bremen

Arbeitsgemeinschaft Deutscher
Tierschutz e.V.
Dr. Bosch-Heidgen-Straße 20
4130 Moers

Arbeitsgemeinschaft
der Verbraucher
Provinzialstraße 89-93
5300 Bonn-Lengsdorf

Arbeitskreis Igelschutz
Berlin e.V.
Fasanenstraße 69
1000 Berlin 15

Bund Naturschutz in Bayern e.V.
Landesverband für Umweltschutz
Schönfeldstraße 8
8000 München 22

Bund Umwelt und Naturschutz e.V.
(B.U.N.D.)
Im Rheingarten 7
5300 Bonn 3

(Die Adressen der Landesverbände
findest Du im Telefonbuch)

Bundesamt für Ernährung
und Forstwirtschaft
Adickesallee 40
6000 Frankfurt/M. 1

Bundesministerium für
Umwelt, Naturschutz und
Reaktorsicherheit
Postfach 120 629
5300 Bonn 2

(In jedem Bundesland gibt es
auch ein für den Umweltschutz
zuständiges Ministerium)

Bundesverband Bürgerinitiativen
Umweltschutz e.V. (BBU)
Prinz-Albert-Straße 43
5300 Bonn 1

Bundesverband der
Deutschen Industrie e.V.
Abteilung Umweltpolitik
Gustav-Heinemann-Ufer 84-88
5000 Köln 51

Deutscher Bund für
Vogelschutz (DBV)
Max-Planck-Straße 10
7014 Kornwestheim

Deutscher Naturschutzring e.V.
Postfach 320 210
Kalkuhlstraße 24
5300 Bonn 3

Deutsche Stiftung für
Umweltpolitik
Adenauerallee 214
5300 Bonn 1

Deutsche Umwelt Aktion e.V.
Heinrich-Heine-Allee 23
4000 Düsseldorf 1

Deutsche Umwelthilfe e.V.
Schloßstraße 15
7763 Öhringen

Deutsche Umweltstiftung
Schlachthofstraße 6
6728 Germersheim

Greenpeace e.V. Deutschland
Vorsetzen 53
2000 Hamburg 11

Institut für angewandte
Ökologie e.V. (Öko-Institut)
Hindenburgstraße 20
7800 Freiburg

Ökowerk, Das Berliner
Naturschutzzentrum im Grunewald
ÖKOWERK TEUFELSSEE
Teufelsseechaussee 22
1000 Berlin 33

Robin Wood
Gewaltfreie Aktionsgemeinschaft
für Natur und Umweltschutz
Postfach 102 122
2800 Bremen 1

Schutzgemeinschaft
Deutscher Wald e.V.
Bundesverband
Meckenheimer Allee 79
5300 Bonn 1

(Die Adressen der Landesverbände
findest Du im Telefonbuch)

Schutzstation Wattenmeer
Königstraße 11
2370 Rendsburg

Stiftung zum Schutze
gefährdeter Pflanzen
Kalkuhlstraße 24
5300 Bonn 3

Umweltbundesamt
Bismarckplatz 1
1000 Berlin 33

(In jedem Bundesland gibt es auch
eine für den Umweltschutz
zuständige Landesbehörde)

Umweltstiftung WWF
Deutschland
Sophienstraße 44
6000 Frankfurt/M.

Umweltschutztelefon der Städte
Die Telefonnummer findest Du im
Telefonbuch unter „Umwelt"

Verbraucherzentralen
gibt es in jedem Bundesland.
Die Adresse findest Du im Telefonbuch

Vereinigung Deutscher
Gewässerschutz e.V.
Matthias-Grünewald-Straße 1-3
5300 Bonn 2

Wasserwerke der jeweiligen Städte
Die Adressen findest Du im Telefonbuch.

Mittendrin
Ohne Wasser läuft nichts

Ein Umweltbuch über Wasser und Abwasser, über Bäche, Flüsse und Feuchtwiesen von Burckhard Mönter.

ISBN 3-926740-07-8